Christine Selius

Das kleine Tee-Abc

Alles über Sorten, Anbaugebiete, Einkauf und Zubereitung. Extra: Gesundheitstees

Entspannung aus der Kanne

Inhalt

Tee von A bis Z 7

Kurz nachschlagen – lange genießen 8

Geist und Geschichte des Tees 35

Abschalten und auftanken 36

Teegenuss in Europa 38

Und was ist mit Deutschland? 40

Meditation, Konzentration, Wachheit 42

Special Prominente Freunde des Tees 44

Viele Arbeitsgänge für einen großen Genuss: Die Teeernte erfordert großen Aufwand und viel Geduld.

Warenkunde, Zahlen und Fakten 47
Botanisches über die Teepflanze 48
Erntephasen und Verarbeitung 49
Anbauländer und -regionen 50
Blattgrade und Blattsortierung 58
Kräuter- und Früchteaufguss 59
Lagerung und Zubereitung 62
Zeremonien um den Tee 64
Special Weisheiten rund um den Tee 68

Gesund mit Tee 71
Grüner Tee 72
Pu-erh-Tee 76
Rotbuschtee 77

Teerezepte – einfach raffiniert 81
Heißer Genuss 82
Coole Drinks mit Tee 88
Spezialitäten mit grünem Tee 99
Gebäck zum Tee 101
Festliches Menü mit Tee 107
5-Tage-Teediät 111

Über dieses Buch 126
Register 127

Raffiniert und schmackhaft kochen mit Tee: Artischockenherzen mit Morchel-Tee-Sauce.

LE
TOUAREG
JASMINE

Tee von A bis Z

Tee zuzubereiten und zu trinken ist für Kenner ein purer Genuss. Um bei dem köstlichen Getränk aber so richtig auf den Geschmack zu kommen, sollte man einiges über die Vielfalt der Sorten, Herkunftsländer, Anbaugebiete und Zubereitungsformen wissen. Für den Laien ist die von Kennern verwendete Terminologie oftmals unverständlich. Im folgenden Kapitel lernen Sie die wichtigsten Begriffe rund um den Tee kennen und können dabei auch andere Kulturen entdecken, wo Teetrinken mehr ist als nur Genuss – nämlich Ausdruck einer gelassenen Lebensform.

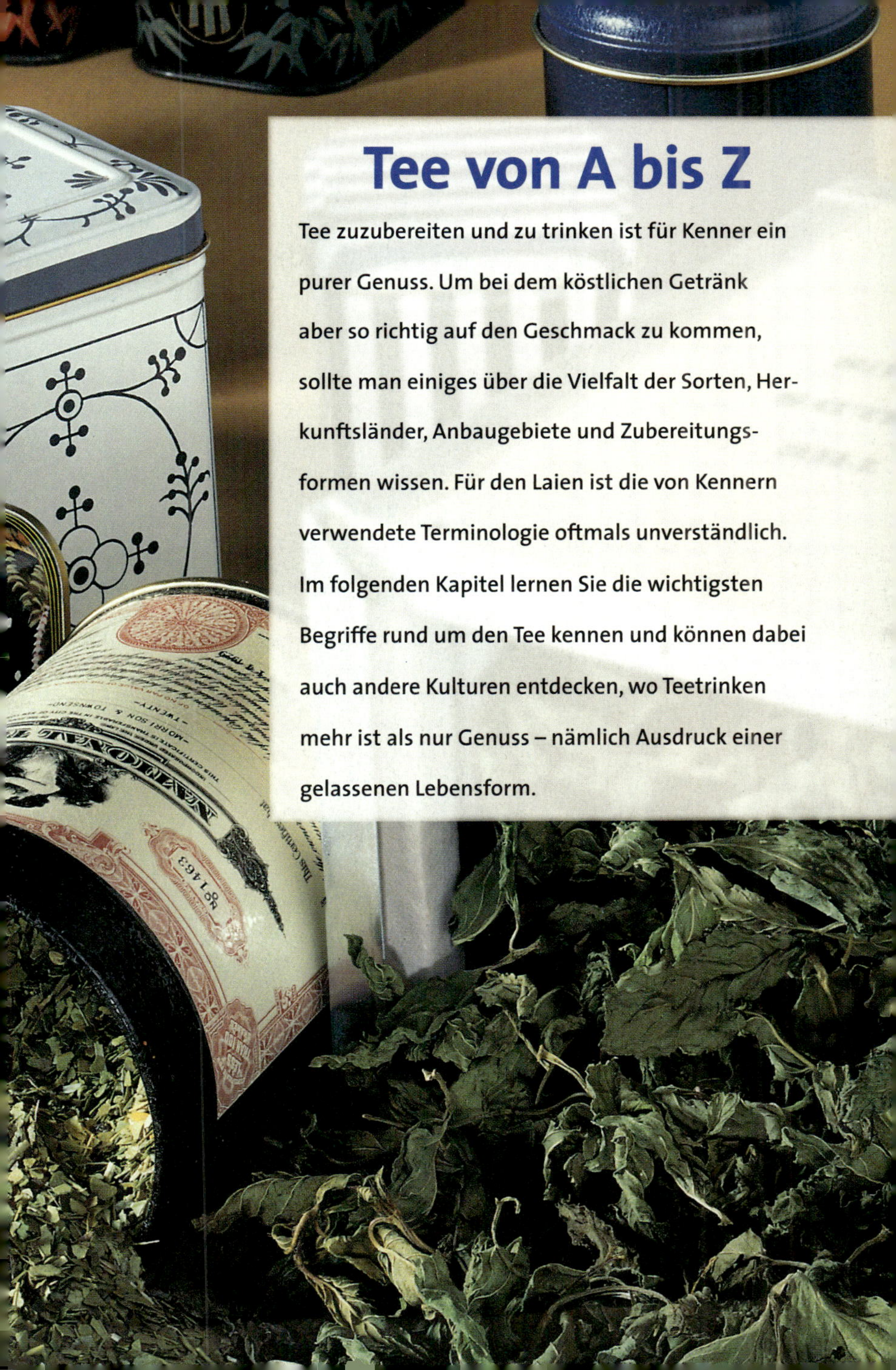

Kurz nachschlagen – lange genießen

Wissen und Gaumenfreuden schließen sich nicht aus, im Gegenteil. Je mehr man über eine Teesorte weiß, desto besser mundet sie.

Sie wissen nicht, was die Abkürzung FBOP bedeutet? Oder wo der Unterschied zwischen Cha-No-Yu und Ch'a Shu liegt? Dann können Sie sich im gleich folgenden lexikalischen Teil Klarheit verschaffen. Wenn Sie z. B. Interesse für Teezeremonien haben, können Sie anfangen zu schmökern und sich in die Geschichte, Geschichten, Fakten und Rezepte rund um den Tee vertiefen. Oder Sie blicken über den eigenen Tassenrand hinaus und unternehmen eine Gedankenreise zu den rund um den Erdball verteilten Anbauländern. Und hoffentlich geht es Ihnen wie uns: Je mehr Sie über Tee erfahren, desto besser und intensiver können Sie ihn wertschätzen und genießen.

DAB – nur geprüfte Pflanzen kommen in den Arzneitee

Das Deutsche Arzneimittelbuch (DAB) enthält die amtlichen Vorschriften zu Beschaffenheit, Zubereitung, Prüfung und Aufbewahrung von Heilpflanzen, Arzneitees und anderen galenischen Mitteln. In Österreich gilt das »Österreichische Arzneibuch«, in der Schweiz die »Pharmacopoea Helvetica«. Das DAB schreibt für jeden Arzneitee Folgendes vor:

- Welche Sorte der Pflanze verwendet werden darf, also z. B. nur die Stammpflanze oder beispielsweise auch andere Gattungen.
- Das DAB legt genau fest, wie hoch der Anteil an ätherischem Öl oder an Gerbstoffen sein muss. Die Inhaltsstoffe werden genau geprüft.
- Es wird vorgeschrieben, wie alt die Kräuter, die verwendet werden, höchstens sein dürfen.
- Wie viel Prozent der Anteil an gefärbten oder vergilbten Blättern höchstens betragen darf, ebenso wie hoch der Anteil an Stängeln einer Pflanze sein darf.

Für Haushaltstees gilt das Lebensmittelgesetz.

A

Afrikanischer Schwarztee: ist meist in Mischungen oder Aufgussbeuteln, als Einzelprodukt nur im gut sortierten Fachhandel zu bekommen. In Afrika wird erst seit rund 100 Jahren Tee angebaut. Kenia ist nicht nur das größte Teeland Afrikas, es produziert auch die hochwertigsten Sorten. Außerdem wird Tee auch in Burundi, Kamerun, Malawi, Mosambik, Ruanda, Südafrika, Tansania, Zaire und Simbabwe angebaut.

Anbaugebiete: Dies sind vor allem Länder mit subtropischem Klima. Was Wärme und Feuchtigkeit betrifft, ist die Teepflanze sehr anspruchsvoll. Sie benötigt täglich mindestens fünf Stunden Sonnenschein und nachts reichlich Niederschläge (jährlich etwa 1600 Liter pro Quadratmeter).

Aroma: → Flavour

Arzneitee: Im Gegensatz zu grünem, schwarzem oder gewöhnlichem → Haustee ist Arzneitee ein Kräuteraufguss mit nachgewiesener Heilwirkung. Er wird kurmäßig über einen begrenzten Zeitraum von meist vier bis sechs Wochen wie ein Medikament eingenommen, dann folgt eine mehrwöchige Pause, anschließend wird er wieder mehrere Wochen kurmäßig getrunken. Arzneitee kann, wie andere Medikamente auch, schädliche Nebenwirkungen zur Folge haben oder zur körperlichen Abhängigkeit führen, weshalb er nur auf Rezept zu bekommen ist (→ Kasten Seite 6).

Arzneitees werden in der Apotheke auf das Milligramm genau zusammengestellt. Die richtige Dosierung der Heilkräuter ist für die Wirksamkeit des Tees ausschlaggebend.

Assam: die größte zusammenhängende Teeanbaufläche der Welt. Assam liegt im Norden Indiens, zu beiden Seiten des Brahmaputra-Stroms. Assam-Teesorten haben ein kräftiges, würziges Aroma und bilden die Grundlage vieler Teemischungen.

Assam-Hybride: widerstandsfähige und aromatische Teesorte, gezüchtet durch vielfache Kreuzung der beiden Urpflanzen → Thea sinensis und → Thea assamica. Fast alle Teeplantagen der Welt züchten ihre Sträucher auf Grundlage der Assam-Hybride.

Assam-Orange: schwarzer Assam-Tee, der mit getrockneten Orangenstücken aromatisiert ist. Eine besonders geglückte Form der Aromatisierung von Tee.

Ätherische Öle: flüchtige Stoffgemische mit aromatischem Duft. Sie machen den typischen Geruch jeder Pflanze aus und geben auch dem Tee sein charakteristisches Aroma (→ Flavour).

Bewahren Sie Tee niemals neben Kaffee oder stark riechenden Gewürzen auf. Teeblätter sind sehr empfindlich und können in derartiger Umgebung ihr feines Aroma verlieren.

Aufbewahrung: Ob Blech, dunkles Glas, Holz oder Porzellan, das Gefäß muss luftdicht verschließbar und der Tee trocken gelagert sein. Sauerstoff und starke Gerüche beeinträchtigen das Teearoma erheblich. Daher sollte man kleine Behältnisse verwenden, den Tee rasch aufbrauchen oder zusätzlich die offenen Teeblätter in einer Tüte verpacken.

Auktionen: traditionelle Handelsplätze in den Ursprungsländern des Tees (z. B. in Asien und Afrika Kalkutta, Djakarta, Nairobi) bzw. in den Importländern (vor allem London, Amsterdam, Antwerpen).

Automnal Tea (Herbsttee): Tee aus der Herbsternte in Darjeeling und Assam. Er hat oft ein rötliches Blatt und ist, sofern die Erntezeit trocken war, von guter Qualität.

B

Bakey (engl. gebacken): ein Tee, dessen Aroma an den Duft frisch gebackenen Brots erinnert.

Bancha: grüner, grobblättriger Tee mit geringem Koffeingehalt, der in der Makrobiotik, einer speziellen japanischen Ernährungslehre, eine wichtige Rolle spielt. Gerösteten Bancha nennt man Hojicha.

Basket-fired (engl. basket = Korb): japanischer Tee, der in Körben über dem Feuer geröstet wird.

Bioflavonoide: → Flavonoide

Black Tea: → Schwarzer Tee

Blattgrade: Es gibt vier verschiedene Blattgrade bei schwarzem und grünem Tee, → Blatttee, → Broken (B), → Fannings und → Dust.

Blattsortierung: Es gibt vier verschiedene Sortierungen bei Schwarztee, → Golden Tips, → Flowery Orange Pekoe, → Pekoe und → Pekoe Souchong.

Blatttee: Bezeichnung für einen Tee, der aus ganzen und fast ungebrochenen Blättern besteht. Bis heute der Inbegriff von hochwertigem Tee vor allem aus dem Anbaugebiet von Darjeeling. Die vier Topqualitäten sind FOP (Flowery Orange Pekoe), GFOP (Golden Flowery Orange Pekoe), TGFOP (Tippy Golden Flowery Orange Pekoe) und FTGFOP (Finest Tippy Golden Flowery Orange Pekoe).

Blend (engl. Mischung): Bezeichnung für eine Mischung mehrerer Teesorten.

Body (engl. Körper): Tee, der eine »kräftige« Tasse ergibt.

Unter einer »kräftigen« Tasse versteht man im Teejargon einen stark riechenden Tee mit intensiver rötlich dunkler Farbe.

BOP: Abkürzung für → Broken Orange Pekoe.

Bread-and-Butter-Tea (Regentee): meist indischer Tee (Assam) aus der Ernte zwischen August und Oktober, der von durchschnittlicher Qualität ist und als Gebrauchstee verwendet wird.

Brisk (engl. lebendig): ein Tee mit frischem Geschmack, im Gegensatz zum flat tea, der fad schmeckt.

Broken = B (engl. gebrochen): ein Tee, der durch Rollen oder Schneiden zerkleinert wurde. Rund 80 Prozent der Teeernte werden zu Broken-Tee verarbeitet, der ergiebiger ist als Blatttee.

Broken Orange Pekoe (BOP): Bezeichnung, die Auskunft gibt über Aussehen des Teeblatts (Broken) und Struktur des Tees (Orange Pekoe). BOP besteht nicht aus ganzen, sondern aus zerkleinerten Blättern und ist kräftig im Aufguss.

C

Canton: chinesischer aromatisierter, halbfermentierter → Oolong-Tee.

Ceylon (polit. Sri Lanka): Teeanbaugebiet auf der Insel Sri Lanka. Auch nach der politischen Unabhängigkeit 1972 hat die Teesorte den alten Namen der Insel beibehalten.

Cha-No-Yu: japanische → Teezeremonie, bei der grüner, schaumig geschlagener Pulvertee (Matcha) serviert wird.

Ch'a Shu: chinesisches Handbuch aus der Zeit der Ming-Dynastie (14.–17. Jahrhundert), das in seiner Anweisung zur Zubereitung von grünem Tee den individuellen Atem als Zeitmaß nimmt.

Chest (engl. Kiste): traditionelle Teeverpackung in einer Sperrholzkiste mit Blechkanten und Folieneinlage.

Chinesischer Tee: In insgesamt 14 chinesischen Provinzen wird Tee angebaut, Schwarztee vor allem in Anhui, Szechuan und Yunnan. Ursprünglich ist jeder Tee grün. Stammt er aus China, so steht die Bezeichnung »chinesischer Tee« meist für grünen, unfermentierten Tee (→ Grüner Tee).

Chun Mee: grüner Tee von meist einfacher Qualität; wird in China, Taiwan, Indien und Indonesien angebaut.

Clipper (engl. Schnellsegler): Viermaster, die im 19. Jahrhundert in regelrechten Wettrennen chinesischen Tee zu den Teeauktionen nach London brachten.

Das aus dem asiatischen Sprachraum stammende Wort »Cha« für Tee hat sich in Abwandlungen auch im arabischen Sprachraum beheimatet. Dort wird Tee mit »chai« oder »chá« bezeichnet.

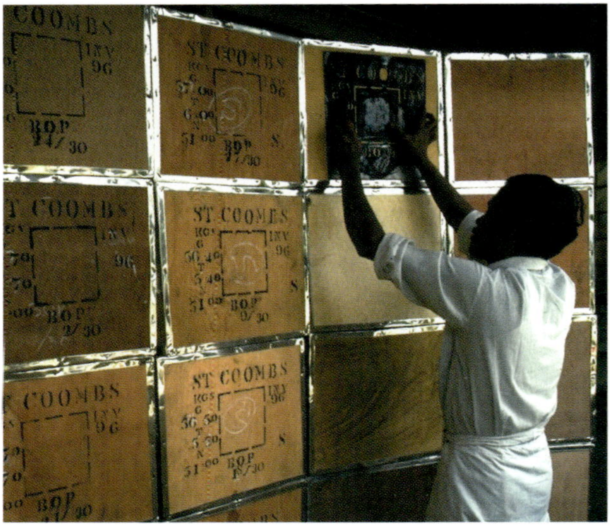

Vor dem Versand: Die Teekisten stapeln sich im Lager.

Congou: fermentierter chinesischer Tee von dunkler Farbe, im Aufguss hell und aromatisch.

Creamy (engl. sahnig): milchartiges Häutchen an der Oberfläche, Inbegriff für einen guten Tee.

Crop (engl. Ernte): in Zahlen messbarer Ertrag einer Teeanbaufläche.

CTC-Produktion: CTC ist die Abkürzung für engl. Crushing (zerbrechen), Tearing (zerreißen) und Curling (rollen), d.h., die Teeblätter werden in mehreren Schritten zerkleinert und gerollt. Das Verfahren findet vor allem bei der Herstellung von Tees für Aufgussbeutel Verwendung.

Cutter (engl. to cut = schneiden): mechanischer Teeschneider oder -brecher, in dem Blattteesorten zu → Broken zerkleinert werden.

D

Darjeeling: nordindische Stadt an der Grenze zu Nepal, vor allem jedoch Name eines etwa 18 000 Hektar großen Anbaugebiets in Nordindien, an den Südhängen des Himalaja. Durch die Hochlage (1000 bis 2400 Meter) wächst hier ein Tee, der für sein ausgeprägtes, blumiges Aroma berühmt ist.

Dhool: Grad des → Rollens. Je nachdem, ob die Teeblätter ein-, zwei- oder dreimal gerollt wurden, spricht man vom ersten, zweiten oder dritten Dhool.

Dimbula: Ceylon-Teesorte und einer der ersten Teegärten, die vor 1870 auf der Insel Ceylon angelegt wurden.

Dooars: Anbaugebiet im Norden Indiens, zwischen Assam und Darjeeling gelegen.

Dull (engl. stumpf): Tee, der stumpf schmeckt und dessen Tasse nicht klar ist.

Dust (engl. Staub): kleinste Blattgröße beim Tee. Die Teeblätter sind fein zerrieben und ausgesiebt. Dust ist von guter Qualität, sehr ergiebig, hat einen hohen Gerbsäuregehalt und wird neben → Fannings vorwiegend für Aufgussbeutel verwendet.

Aufgussbeutel sind zwar praktisch – doch wahre Teekenner bevorzugen die Zubereitung mit losen Teeblättern, da diese mehr Aroma entfalten.

E

Earl Grey: ein mit Bergamotteöl (einer Pomeranzenart) parfümierter Schwarztee.

Early Morning Tea: eine der → englischen Tea Times.

Earthy (engl. erdig): Tee mit erdigem Geschmack.

Englische Tea Times: Tee strukturiert seit mehreren Jahrhunderten den Tagesablauf der Briten (siehe Kasten unten).

English Blend: Schwarzteemischung aus Ceylon-, Darjeeling- und Assam-Sorten.

English Breakfast Tea: → Englische Tea Times

F

Fannings (engl. fanner = Gebläse): Blattgrad bei Schwarztee, durch Sieben gewonnen. Er ist größer als → Dust und kleiner als → Broken. Fannings ist von guter Qualität, kräftig, schnell färbend und wird meist für Aufgussbeutel verwendet.

FBOP: Abkürzung für → Flowery Broken Orange Pekoe.

Feinschnitt: Verarbeitungsmethode für Kräutertees. Hierbei werden die Pflanzenteile (z. B. Blüten, Früchte, Blätter, Rinde, Wurzel) so weit zerkleinert (0,3 bis 2,0 Millimeter), dass sie in Aufgussbeutel verpackt werden können. Für den losen Aufguss verwendet man den → Grobschnitt.

Tee in England

- Der Tag beginnt mit einer großen Tasse Early Morning Tea (die man möglichst noch im Bett zu sich nimmt).
- Insbesondere in Betrieben ist der vormittägliche Breakfast Tea und der Afternoon Tea (am Nachmittag) eine Institution.
- Wer zu Hause bleibt, lädt Freunde zum Five o'clock Tea (um 17 Uhr) ein und serviert typische Teespeisen wie Shortbread, Scones oder Sandwiches.
- Auch im Freien (in Teegärten) trinkt man Tee, und noch heute gibt es an Wochenenden Tanztees mit dem Flair der goldenen zwanziger Jahre.

Fermentation: Oxidationsprozess zur Herstellung von Schwarztee. Dazu werden die gebrochenen und gerollten Teeblätter in einem kühlen, feuchten Raum dünn ausgebreitet. Der Sauerstoff der Luft verbindet sich mit den Zellsäften der Blätter. Die grüne Farbe der Teeblätter verwandelt sich durch diesen Oxidationsvorgang zu Kupferrot bzw. Dunkelbraun. Zellen, Zellsäfte und Aromastoffe werden weiter aufgeschlossen.

Finest Tippy Golden Flowery Orange Pekoe (FTGFOP): eine der besten und teuersten Qualitäten beim Blatttee mit hohem Anteil an jungen Blattspitzen (→ Tips) und Knospen.

First crop: »erste Pflückung« der jungen Teesträucher; sie liefert die beste Qualität.

First flush: bei Darjeeling- und Assam-Sorten die erste Teeernte nach dem Winter und dem Frühjahrsmonsunregen. Gepflückt wird von März bis April. Es handelt sich um einen hochwertigen Tee von sehr feinem Aroma.

Five o'clock Tea: → Englische Tea Times

Flavonoide (auch Bioflavonoide bzw. Flavonglykoside): Gruppe von Pflanzenstoffen, mit denen die Pflanze sich selbst vor schädlichen Einflüssen und Krankheitserregern schützt. Sie befinden sich vor allem in den Randschichten und verleihen der Pflanze auch ihre jeweils typische Farbe. Verzehrt man sie, so wirken sie auch beim Menschen antioxidativ, d. h., sie schützen die Zellen und spielen eine wichtige Rolle zur Vorbeugung gegen Schlaganfall, Herzinfarkt und Stoffwechselstörungen. Da Teeblätter fast nur aus Oberfläche bestehen, sind sie besonders reich an Flavonoiden.

Flavour (engl. Geschmack): charakteristisches Aroma eines Tees oder einer Teemischung, je nach Gehalt und Kombination der → ätherischen Öle. Insbesondere Hochlandtees sind für ihren angenehmen Flavour berühmt. Kenner stellen den Flavour nicht nur mit dem Gaumen, sondern auch mit der Nase fest.

Der Monsun, Asiens berühmt-berüchtigter jährlicher warmer Regen, ist unberechenbar. Wann er fällt, wie viel Wasserfluten er mit sich bringt und wo genau er niedergeht, ist nur schwer vorherzusagen. Für Teeplantagenbesitzer ist der Gedeih ihrer Pflanzen daher stets ungewiss und mit einem hohen Verlustrisiko verbunden.

Flowery = F (engl. blumig): Tee aus den jüngsten Blättern des Strauchs.

Flowery Broken Orange Pekoe (FBOP): hochwertiger Broken-Tee aus gerolltem Blatt mit vielen Spitzen (Tips).

Flowery Orange Pekoe (FOP): das noch nicht voll entwickelte Spitzenblatt, ergibt einen hochwertigen Blatttee mit aromatischem, hellem Aufguss.

Gerbstoffe wirken beruhigend auf die Magen-Darm-Schleimhaut, ein Grund, warum schwarzer Tee bei Reisekrankheiten oder schweren Darminfekten zu den traditionellen Heilmitteln gehört.

Flush (engl. Blüte): der junge Trieb am Teestrauch mit Blattknospe und den beiden jüngsten Blättern (two leaves and a bud). Die Bezeichnung ist nur für Darjeeling- und Assam-Tees gebräuchlich. → First Flush, → Second Flush

FOP: Abkürzung für → Flowery Orange Pekoe.

Früchtetee: koffeinfreie Teesorten aus heimischen (z. B. Hagebutte, Malve, Hibiskus, Apfelschalen) oder exotischen Früchten (z. B. Maracuja, Mango, Orangenblüten). Die Tees werden oft nach dem Trocknen der Früchte zusätzlich aromatisiert. Hierzu dürfen jedoch nur natürliche bzw. → naturidentische Aromastoffe verwendet werden.

FTGFOP: Abkürzung für Finest Tippy Golden Flowery Orange Pekoe, eine besonders erlesene Form von → Tippy Golden Flowery Orange Pekoe.

Full (engl. voll): kräftiger, jedoch nicht bitterer Geschmack eines Tees.

G

Genmaicha: japanische Teespezialität, bestehend aus grünem Tee (Sencha), geröstetem Reis und Popcorn.

Gerbstoffe: binden das → Koffein (früher als Tein bezeichnet) von schwarzem und grünem Tee und setzen es langsam frei. Grüner Tee z. B. hat eine lang anhaltende, belebende Wirkung, während das Koffein des gerbstoffarmen Kaffees schnell und nur für kurze Zeit wirkt. Die Gerbstoffe des Tees (Tannine) wirken außerdem beruhigend auf die Schleimhäute von Magen und Darm.

GFOP: Abkürzung für → Golden Flowery Orange Pekoe.

Golden (G): Tee der Sorten Darjeeling oder Assam, der helle Spitzen enthält. Diese Spitzen sind schwächer und kürzere Zeit fermentiert, da sie weniger Zellsaft enthalten.

Golden Flowery Orange Pekoe (GFOP): Gradierung für einen Darjeeling-Blatttee mit Blattspitzen und jungen Blättern.

Golden Tips: die obersten Spitzen der Blattknospen und die zarten, behaarten Triebe.

Grobschnitt: Verarbeitungsmethode für Früchte- und Kräutertees. Hierbei werden die Pflanzenteile für den losen Aufguss grob zerkleinert (2 bis 15 Millimeter). Zur Herstellung von Aufgussbeuteln ist ein → Feinschnitt erforderlich.

Grüner Tee: unfermentierter Tee. Er hat einen höheren Gerbstoffgehalt und ist generell »ursprünglicher« als Schwarztee, enthält daher auch mehr Vitamin C, A, B-Vitamine und Fluoride. Durch seinen hohen Gehalt an Flavonoiden und anderen Bioaktivstoffen bietet grüner Tee einen wirksamen Zellschutz (vermutet wird auch, dass er das Krebsrisiko senkt), schützt vor arteriosklerotischen Gefäßveränderungen, beeinflusst den (Fett-)Stoffwechsel positiv und hilft, den Blutdruck zu senken. Vor allem für Personen mit hohen Chole-

Wer lange konzentriert geistig arbeiten muss, tut sich mit grünem Tee viel Gutes. Er regt an, ohne den Kreislauf zu belasten, erfrischt und hält einen über Stunden wach.

Ein Großteil der Teeverarbeitung erfolgt auch heute noch von Hand.

sterinwerten ist er ein hilfreiches Therapeutikum. Die Stoffe Theophyllin und Theobromin wirken darüber hinaus entkrampfend auf die Atmungsorgane.

Grüner Tee ist der »Urtee», wie er seit Jahrhunderten in China getrunken wird. Durch die zunehmende Beliebtheit der asiatischen Kultur und Lebensweise ist der grüne Tee auch in Europa (wieder) entdeckt worden. Zu den bekanntesten Sorten zählen → Bancha, → Chun Nee, → Gunpowder, → Gyokuro, → Lung Chin »die Drachenquelle», → Matcha, → Pi Lo Chun sowie → Sencha.

Aus China importierter grüner Tee kann unter Umständen schadstoffbelastet sein. Es ist daher ratsam, chinesischen grünen Tee im Fachhandel und nicht im Supermarkt zu kaufen.

Grünteeherstellung: unterscheidet sich von der → Schwarzteeherstellung vor allem dadurch, dass die Fermentation unterbleibt. Möglichst rasch nach dem Pflücken wird das frische Blattgut verarbeitet. Man lässt es nur kurze Zeit welken. Dann folgt eine kurze, starke Erhitzung (durch Dämpfen mit Wasserdampf oder durch Heißluft in rotierenden Metallzylindern), um die Enzyme zu zerstören, die ansonsten die Oxidation in Gang setzen würden. Dadurch behalten die Blätter auch ihre grüne Farbe. Dann folgt das Rollen, anschließend das Trocknen (meist durch Rotation in einer

Die verschlüsselte Sprache der Teekenner

Die Abkürzungen auf Teepackungen sind auf den ersten Blick verwirrend, dem Kenner (und dem Händler) aber geben sie sofort Aufschluss über die Qualität des Tees.
Es gibt Hinweise zur Blattgradierung (welche Blattteile wurden verwendet) und zum Blattgrad (wie stark wurde der Tee zerkleinert):

- Fünf Blattgradierungen: Pekoe (P) bzw. Pekoe Souchong (PS), Orange (O), Flowery (F), Golden (G) und Tippy (T)
- Vier Blattgrade: ganzes Blatt, Broken (B), Fannings (Fngs) und Dust

Trommel, wodurch die Sorten ihr kugelförmiges Aussehen bekommen). Als letztes wird auf Schüttelsieben sortiert, nach denselben Blattgraden wie bei schwarzem Tee (Blatt, Broken, Fannings und Dust). Eine Zwischenstufe zwischen schwarzem und grünem Tee ist der Oolong bzw. → halbfermentierter Tee.

Gunpowder (engl. Schießpulver): grüner Tee aus China und Taiwan (Formosa), dessen Blätter zu kleinen Kugeln gerollt sind und Schrotkörnern ähneln. In Nordafrika wird er mit einem Minzblatt als Tee »à la menthe« serviert.

Gu Zhang Mao Jian: grüner Tee aus China. Er ist leicht anfermentiert.

Gyokuro (japan. edle Tautropfen): hochwertige japanische Teesorte und -spezialität mit geringem Gerbstoff- und hohem Koffeingehalt. Wenn die frischen Knospen treiben, wird der Teestrauch mit Schilfmatten und dunklen Netzen bedeckt. Weil die Blätter kaum Licht bekommen, enthalten sie weniger Gerbstoffe und haben einen milderen Geschmack als andere Grüntees. Gyokuro gilt als Krönung der japanischen Teekunst und erfüllt auch die soziale Funktion, dem Gast eine besondere Ehre zu erweisen.

Arabische Tees »à la menthe« werden grundsätzlich mit grünem Tee zubereitet. Allerdings ist der in Nordafrika verwendete grüne Tee extrem bitter – nicht zuletzt, weil das ganze Getränk mit reichlich weißem Zucker und Pfefferminzblättern aufgekocht wird.

H

Halbfermentierter Tee (Oolong): vor allem in China und Formosa produzierter Tee, bei dem die Fermentation unterbrochen wird, wenn der Blattrand schwarz, die Blattmitte hingegen noch grün ist. Halbfermentierter Tee hat ein duftiges Aroma und eignet sich auch für Schwarzteetrinker, die auf grünen Tee umsteigen wollen.

Haustee: Kräuter- oder Früchtetee ohne spezifische pharmakologische Wirkung. Anders als einen → Arzneitee kann man ihn wochen- oder auch jahrelang trinken, ohne Nebenwirkungen befürchten zu müssen. Klassische Haustees sind z. B. Malven-, Hagebutten- oder Fruchtschalentee.

Herbsttees: → Automnal Teas

High grown (engl. hoch gewachsen): Tee, der in Höhen über 1300 Meter wächst. Das langsame Wachstum in dieser Höhe gibt den Blättern ein feines und intensives Aroma. High-grown-Teas zählen daher zu den Spitzentees.

Hojicha: → Bancha

Hybridteepflanze: → Assam-Hybride

Hyson: eine seltene Sorte von grünem chinesischem Tee, von wilden Teesträuchern stammend. Er gilt als der erste Tee, der jemals gepflückt wurde und wird auch Imperial- oder Kaisertee genannt.

I

In-Betweens: in der Erntephase zwischen first und second flush (Mitte April bis Mitte Mai) gepflückter Darjeeling-Tee.

Indische Anbaugebiete: Am bekanntesten und größten sind Assam und Darjeeling, außerdem Dooars in Nordindien, Nilgiri in Südindien, Anamallais und Travancore.

Indonesische Anbaugebiete: Durch die Nähe zum Äquator ist der aus Sumatra stammende Tee von gleichbleibender, zuverlässiger Qualität und wird vor allem für Mischungen verwendet. Ein weiteres wichtiges Anbaugebiet ist Java.

Inkatee: → Lapachotee

J

Japanische Anbaugebiete: Japan produziert ausschließlich grünen Tee, vor allem in den Plantagen von Gyokuro, Shizuoka und um den Berg Fuji. Die am häufigsten getrunkene Teesorte ist Sencha.

Jasmintee: nach dem Trocknen mit Jasminblüten versetzter grüner chinesischer Tee. Diese Form der Aromatisierung gibt es schon seit etwa 1000 Jahren. In China ist der Jasmintee neben dem Oolong-Tee sozusagen ein Nationalgetränk, das zu jeder Tageszeit genossen wird.

Ju Hua Cha: besonders magenfreundlicher grüner Tee aus China. Bei der Ernte werden 50 Triebe zu einer Teerose zusammengebunden.

K

Kaiserliche Pflückung: Verwendung nur der Knospe und des obersten Blatts für den Tee. Der Begriff hat eine lange Tradition, denn im alten China durften nur Jungfrauen Tee für den kaiserlichen Hof ernten, wobei nur die Knospe (und allenfalls noch das erste Blatt) mit einer goldenen Schere abgeschnitten wurde. Das erlesene Gut wurde in einem goldenen Korb gesammelt.

Kaltwettertee: Tee aus Südindien oder Ceylon, der zwischen Januar und März gepflückt wird. Ein gehaltvoller Tee, sofern er bei trockenem und kühlerem Wetter langsam gewachsen ist; wegen der geringen Erträge eher teuer.

Kandiszucker: grobkristalliner und sehr reiner Zucker, durch langsames Auskristallisieren gewonnen. Kenner, sofern sie ihren Tee überhaupt süßen, verwenden weißen Kandiszucker.

Kandy: Teegärten auf Ceylon, unmittelbar neben der gleichnamigen alten Königsstadt gelegen.

Keemun: eine Schwarzteesorte aus China und Formosa.

Kintuk: gehört zu den Schwarzteesorten aus China und Formosa.

Koffein: Rein chemisch ist das Koffein des Tees (früher als Tein bezeichnet) identisch mit dem des Kaffees. Die Wissenschaftler sind deshalb zur einheitlichen Bezeichnung übergangen. Unterschiedlich sind jedoch die Wirkungszeiten, denn das Koffein des Schwarztees und mehr noch des grünen Tees ist an → Gerbstoffe gebunden und wird deshalb im Körper langsamer freigesetzt. Das hat zur Folge, dass der Kreislauf nicht so unmittelbar angeregt wird wie beim Kaffeegenuss, dafür hält die Wirkung länger an.

Kombucha: »Teepilz« mit Mikroorganismen, die eine Milchsäuregärung in Gang setzen. Kombucha wird mit Schwarztee, grünem Tee oder bestimmten Kräutertees angesetzt. Das vergorene Getränk enthält u.a. Milchsäure, Glukuronsäure, Vitamine und Mineralstoffe. Kombucha regeneriert

Der Überlieferung nach stammt der Teepilz Kombucha ursprünglich aus Korea. Im 4. Jahrhundert brachte ihn ein Arzt an den japanischen Kaiserhof, von wo aus das Getränk seinen Siegeszug als Heilmittel und Lebenselixier antrat.

die Darmflora, stabilisiert das Immunsystem, hilft bei Stoffwechselstörungen und wird in Asien schon seit Jahrhunderten als Lebenselixier geschätzt.

Kräutertee: koffeinfreies Heil- und/oder Genussmittel. In Deutschland sind rund 400 Teekräuter erhältlich, zum Teil im Supermarkt als zum Dauerkonsum geeignete Haustees (Hagebutte, Malve, Früchtetees usw.), zum Teil als Arzneitees zur kurzzeitigen Behandlung gesundheitlicher Beschwerden (z. B. Pfefferminze, Sennesblätter, Johanniskraut).

Kräutertees sollte man ausschließlich im Fachhandel, im Reformhaus oder in Bioläden besorgen, wenn man schadstofffreie Tees zu sich nehmen will.

Die Kräuter werden getrocknet und zerkleinert (→ Feinschnitt, → Grobschnitt). Je nachdem, welche Pflanzenteile verwendet werden (siehe Kasten), bereitet man den Kräuteraufguss unterschiedlich zu. Tee aus Blüten, Trieben, Blättern oder Früchten brüht man mit kochendem Wasser auf, lässt ihn zugedeckt ca. zehn Minuten ziehen und seiht dann ab.

Pflanzliche Bestandteile in Kräutertees

Zur Zubereitung eines Kräutertees werden unterschiedliche Pflanzenteile verwendet:

- Samen (z. B. Anis)
- Fruchtschalen (z. B. Apfel)
- Blüten (z. B. Kamille, Linde)
- Stängel und Blätter (z. B. Pfefferminze, Thymian, Brennnessel, Salbei)
- Rinden und Hölzer (z. B. Eichenrinde, Zimt)
- Wurzeln (z. B. Baldrian, Kalmus)

Entscheidend – die Inhaltsstoffe

Neben ätherischen Ölen, Flavonoiden, Vitaminen, Mineralstoffen und Spurenelementen enthalten viele Kräutertees spezielle Inhaltsstoffe wie z. B.:

- Gerbstoffe (Heidelbeeren, Tormentill, Eichenrinde)
- Bitterstoffe (Enzian, Tausendgüldenkraut)
- Schleimstoffe (Brennnessel, Eibisch, Isländisch Moos)

Wurzel-, Rinden- oder Holzstücke benötigen eine längere Kochzeit von etwa 30 Minuten, oder sie werden über Nacht in kaltes Wasser eingeweicht und dann abgekocht.

L

Lapachotee (auch Inkatee, Pau d' Arco, Paoheebo, Taheebo, Bow Stick, Ipes): Tee aus der Rinde des südamerikanischen Lapachobaums. Er ist reich an Gerbstoffen und Mineralien, schmeckt aromatisch, wird als Genussmittel, aber auch zur unterstützenden Behandlung von Bronchitis, Blutarmut, Zuckerkrankheit, Magenschleimhautentzündung und zur Krebsvorbeugung getrunken. Äußerlich angewendet hilft der Tee bei Hautproblemen (Ekzem, Abszess, Pilz) und Beschwerden im Intimbereich (Vaginalentzündung).

Lapsong-Souchong: großblättriger, rauchiger Schwarztee aus China.

Light (engl. leicht): Schwarztee, der weder voll noch kräftig schmeckt.

Low grown (engl. niedrig gewachsen): Tee aus tiefer gelegenen Plantagen. Ihm fehlt das feine Aroma, denn je höher die Lage, desto edler der Tee (→ High grown).

LTP-Produktion: Die Abkürzung LTP steht für »Lawrie Tea Processor«, eine nach ihrem Erfinder benannte Maschine, in der die Teeblätter mit einem rotierenden Messer fein zerschnitten werden. Auf diese Weise werden die Blattgrade → Fannings und → Dust produziert.

Lu Shan Wu: grüner Tee aus China mit geringem Koffeingehalt.

Lung Ching »Drachenquelle«: feiner, süßlicher grüner Tee aus China.

M

Malty (engl. malzig): eine positive Eigenschaft des Tees.

Massai: → Rotbuschtee (auch Rooibos genannt)

Matcha: japanischer Pulvertee aus Teeblättern, die im Schatten gewachsen sind. Das grüne Matcha-Pulver wird in einer

Schale mit heißem Wasser unter Verwendung eines Bambusbesens verrührt. Matcha ist der klassische Tee der japanischen → Teezeremonie. Er enthält viel Koffein und Provitamin A.

Matetee (Paraguaytee, Yerbatee): neben dem »eigentlichen« Tee (grün und schwarz) das einzige Aufgussgetränk, das ebenfalls Koffein enthält. Er wird aus den Blättern von etwa 15 verschiedenen Arten der Stechpalme (Ilex) gewonnen. Er belebt angenehm den Kreislauf, regt Verdauung und Stoffwechsel an und hilft bei körperlicher und geistiger Erschöpfung. In Lateinamerika ist er eine Art Nationalgetränk; er wird dort traditionell in einem Flaschenkürbis aufgebrüht und dann mit einem Metallröhrchen angesaugt.

Medium grown: Tee aus Lagen zwischen 650 und 1300 Meter über Meereshöhe. (→ High grown, → Low grown)

N

Naturidentische Aromastoffe: Substanzen, die aus pflanzlichen Ausgangsstoffen gewonnen werden. Sie haben die gleiche chemische Struktur wie diese, werden jedoch synthetisch hergestellt. Viele Tees sind mit naturidentischen Aromastoffen angereichert (dies ist klein gedruckt auf der Verpackung angegeben).

Nilgiri (»blaue Berge«): Hochlandtee aus dem gleichnamigen Anbaugebiet in Südindien.

Nuwara Eliya: Hochlandtee aus dem gleichnamigen Anbaugebiet auf Ceylon. Er liefert die so genannten Champagnersorten.

O

Oolong: → halbfermentierter Tee

OP: Abkürzung für → Orange Pekoe.

Orange (O): Bezeichnung für eine Blattgröße. Der Begriff hat eine lange Tradition, geht auf das niederländische Königshaus Oranien zurück und bezeichnete dort einen besonders hochwertigen, »königlichen« Tee.

Orange Blossom: feiner chinesischer Tee mit Orangenblüten und Orangenöl.

Orange Pekoe (OP): Blatttee aus dünnen, gedrehten Blättern bzw. Blattspitzen von den oberen feinsten Teilen des jungen Triebs; größeres Blatt als bei der FOP-Qualität. Insbesondere bei Hochlandsorten schmeckt OP sehr aromatisch.

Ostfriesische Mischung: besteht aus kräftigen Schwarzteesorten, meist zu etwa vier Fünfteln Assam-Tee, ergänzt durch Darjeeling- und Ceylon-Tee. Der Tee wird klassischerweise mit Sahne und Kandiszucker getrunken.

Ostfriesische Teegesellschaft (OTG): Teefirma, gegründet 1906, mit inzwischen weltweit über 1000 Mitarbeitern. Zur OTG gehören u.a. die Marken Meßmer, Milford und Onno Behrends.

P

Pai Mu Tan: eine seltene Sorte von → weißem Tee mit zartem Geschmack.

Panyoung Lavandul: milder schwarzer chinesischer Tee mit Lavendelblüten.

Akkordarbeit in der Teeplantage: Der Tee wird Blatt für Blatt gepflückt.

Nahezu jedes Jahr wird in den Industrienationen ein Tee oder Heilmittel »neu entdeckt« und groß vermarktet. Tatsächlich handelt es sich bei Kombucha, Pu-erh-Tee und Co. jedoch um Heilmittel, die in ihren asiatischen Ursprungsländern schon seit mehreren Jahrtausenden angewendet werden.

Paraguay-Tee: → Matetee

Pekoe (P): englische Übersetzung des chinesischen Begriffs »pak-ho«, der die feinen Haare des neugeborenen Kindes und im übertragenen Sinn auch die mit feinem Flaum besetzten Frühlingstriebe des Teestrauchs bezeichnet. Als Pekoe wird das zweite Blatt unterhalb des Spitzenblatts bezeichnet.

Pekoe Souchong (PS): das nach der Knospenspitze, dem Spitzenblatt und Pekoe folgende Blatt.

Pi Lo Chung: grüner Tee aus China und Formosa, gilt als Rarität für Kenner.

Pu-erh-Tee: spezieller Grüntee aus China. Er stammt von Teebäumen (Camellia sinensis) der Präfektur Pu-erh (Provinz Yunnan). Die Blätter des nur dort wachsenden Baums werden zum Teil jahrelang mit Bakterien fermentiert, was dem Tee eine tiefrote Farbe gibt. Er wirkt günstig auf den Fettstoffwechsel und den Harnsäurespiegel und wird als Schlankheits- und Fitnesstee empfohlen.

R

Rawness (engl. Rauigkeit): bitterer Geschmack.

Regentee: → Bread-and-Butter-Tea

Rollen: Arbeitsgang bei der → Schwarzteeherstellung, entscheidend für die spätere Blattgröße. Das Rollen geht in einfachen Maschinen vor sich, bei denen sich zwei Metallplatten gegeneinander bewegen. Das Blatt wird gleichmäßig aufgerissen, zerquetscht und zerschnitten, so dass die Zellsäfte mit dem Luftsauerstoff in Kontakt kommen und die → Fermentation beginnt. Dieser Vorgang (das Blattgut nennt man → Dhool) kann auch mehrmals (je etwa 30 Minuten) wiederholt werden. Bei kurzem Rollen ist der Anteil an Blatttee höher, bei längerem Rollen derjenige von Fannings und Dust.

Rose Congou: schwarzer chinesischer Tee mit Rosenblüten und Rosenöl.

Rotbuschtee (Rooibos, Massai): koffeinfreier Tee aus den nadelartigen Blättern des südafrikanischen Rotbuschstrauchs. Der Tee hat eine kräftige Farbe, schmeckt sehr aromatisch, eignet sich als Genussmittel, hilft bei Magen-Darm-Beschwerden und wirkt auf sanfte Weise beruhigend und schlaffördernd.

Russischer Tee: 1. »Karawanentee« aus China, der bis zur Öffnung des Suezkanals (1869) über Russland nach Europa eingeführt wurde. **2.** In Russland produzierter Tee (vor allem aus Grusinien und Georgien), der jedoch derzeit nicht auf dem Weltmarkt erhältlich ist. **3.** Mischung von leichten Teesorten nicht russischer Anbaugebiete.

S

Samowar (russ. Selbstkocher): klassisches, seit dem 18. Jahrhundert vor allem in Russland übliches (Messing-)Gefäß zur Teezubereitung. Die kugel-, ei- oder urnenförmige Teemaschine hat ein mit einem Zapfhahn verschlossenes Ausgussrohr, aus dem heißes Wasser entnommen wird. Oben auf dem Behältnis steht eine kleine Kanne mit Teeextrakt. Das Teeglas wird zu einem Viertel mit dem Extrakt gefüllt, dann mit heißem Wasser aufgegossen.

Vor dem Genuss steht die Zubereitung: Die Art, einen Tee zu kochen, entscheidet über die Qualität des fertigen Getränks.

Scones: → Englische Tea Times

Schwarzer Tee (black tea): besteht aus den fermentierten Blättern des Teestrauchs (→ Thea sinensis, → Thea assamica). Durch die → Fermentation färben sich die ursprünglich grünen Blätter rot bis schwarz. Schwarztee enthält weniger Gerbstoffe und hat ein kräftigeres Aroma als der unfermentierte grüne Tee.

Schwarzteeherstellung: Es gibt inzwischen verschiedene Methoden der Teeherstellung, wobei die traditionelle Form immer noch die besten Resultate erzielt:

1. Die klassische, »orthodoxe« Methode ist noch heute das einzige Verfahren, um schwarzen Blatttee zu erhalten. Dazu werden die geernteten Blätter auf Drahtgittern zum Welken ausgebreitet. Die weiteren Schritte sind Rollen, Fermentation, Trocknen, Sortieren/Sieben und Verpacken. Der ganze Vorgang dauert einen Tag.

2. Bei der → CTC-Produktion sind die Arbeitsvorgänge des Zermalmens, Zerreißens und Rollens der Teeblätter maschinell zu einem Schritt zusammengefasst. Diese Methode dient zur Herstellung von Broken-Tee, Fannings und Dust. Alle übrigen »klassischen« Arbeitsgänge müssen weiter durchlaufen werden.

3. Bei der → LTP-Produktion werden die Blätter mit einem rotierenden Messer zerschnitten. Es eignet sich vor allem zur Herstellung von Fannings und Dust für Teebeutel.

Das Pflücken der Teeblätter ist in den Ländern der Dritten Welt immer noch Frauen-, oftmals auch Kinderarbeit. Der Lohn ist äußerst gering. Produkte von Herstellern, die sich um eine angemessene Entlohnung und fairen Handel bemühen, sind hierzulande deswegen ungleich teurer.

Second flush: Darjeeling- und Assam-Tee aus der zweiten Pflückperiode von Mitte Mai bis Anfang Juli. Er ist kräftiger im Aroma als der → First flush.

Sencha: Grünteesorte, die in Japan mit Abstand am häufigsten getrunken wird.

Shortbread: → Englische Tea Times

Song Yang Ying Hao: so genannter → weißer Tee aus zarten, silbrig weißen, behaarten Blättern. Ein sehr milder Tee und eine Rarität für Kenner mit feinem Gaumen.

Sortieren: Schritt bei der Teeherstellung. Dabei wird der Tee maschinell oder auch von Hand nach → Blattgraden sortiert.
Souchong (S): gröbster Blattgrad mit breitem, offenem Blatt, selten verwendet und im Aufguss dünn.
Sri Lanka: heutiger politischer Name der Insel → Ceylon.
Sweet Lemon: milder Chinatee mit Zitronenöl.

T

Tannin: → Gerbstoffe
Tanztee: → Englische Tea Times
Tea Taster: professionelle Teeprüfer vor Ort auf den Plantagen bzw. in den Büros der Importeure. Sie prüfen die Teesorten auf Aussehen, Geschmack, Geruch und Gesamtqualität, entscheiden über das Sortiment des jeweiligen Händlers und stellen Mischungen zusammen.
Teebeutel: praktisch und besser als sein Ruf. Kleine Blattgrade wie → Fannings und → Dust, zumal von würzigen Teesorten wie z. B. Assam, entfalten beim Aufguss ein intensives Aroma und geben eine kräftige Farbe. Viele Plantagen produzieren aus ein und derselben Pflückung Blatttee und Broken für den Verkauf der losen Ware und die feineren Grade für Teebeutel. Die abgefüllte Menge in einem Teebeutel reicht jeweils für eine Tasse.
Teemischungen: bewährte Zusammenstellungen entweder verschiedener Teesorten (z. B. Ostfriesische Mischung) oder milde, natürliche Formen der Aromatisierung (z. B.

Ähnlich wie im Weinhandel, werden an die Teeverkoster höchste Ansprüche gestellt. Ihr Geschmacksurteil bestimmt maßgeblich die Teepreise auf dem Weltmarkt.

Schwarzteeherstellung in sechs Schritten

Für die Herstellung von einem Kilogramm Tee benötigt man rund vier Kilogramm Blätter. Die Herstellungsschritte sind:

1. Welken
2. Rollen
3. Fermentation
4. Trocknen
5. Sieben/Sortieren
6. Verpacken

→ Assam-Orange, → Earl Grey, → Jasmintee). Die genauen Rezepte sind bis heute eine Geheimnis für Kenner bzw. sie müssen auch jedes Jahr, abhängig von der jeweiligen Ernte, variiert werden. Auch bei Kräuter- und Arzneitees gibt es Sorten, die »im Kollektiv« mit anderen besser schmecken oder eine bessere Heilwirkung haben als der Einzeltee.

Teeschule: japanische Einrichtung, in der speziell ausgebildete Teemeister die Kunst der → Teezeremonie vermitteln und die geistige Übung des Teetrinkens lehren.

Teezeremonie: japanische Kunst der Teezubereitung. Die Zeremonie findet in einem extra dafür vorgesehenen Raum statt, dem »sukiya«, d.h. der Stätte des Leerseins. Die Raumgröße entspricht genau viereinhalb »tatamis« (japanische Sitzmatten), die Zahl der Gäste, die Platzierung der Utensilien und alle Bewegungen der Teilnehmenden richten sich nach genauen rituellen Vorgaben. Die einfache Zeremonie des »dünnen« Tees dauert eine bis anderthalb Stunden. Das große Teemahl, »koicha« bzw. »dicker« Tee, bei dem auch Speisen gereicht werden, kann bis zu vier Stunden dauern. Bei der Teezeremonie wird nur pulverisierter grüner Tee (→ Matcha) verwendet.

Die Teezeremonie in Japan ist aus dem Zen-Buddhismus entsprungen. Geübt werden soll die Konzentration auf das jeweilige Tun im Augenblick sowie achtsames Handeln. Sowohl der Teemeister als auch seine Gäste befinden sich während der Zeremonie in tiefer Meditation.

Tein: veraltete Bezeichnung für das → Koffein im schwarzen oder grünen Tee.

TGFBOP: Abkürzung für → Tippy Golden Flowery Broken Orange Pekoe.

TGFOP: Abkürzung für → Tippy Golden Flowery Orange Pekoe.

Thea assamica: Assam-Teepflanze. Sie wird inzwischen auch außerhalb von Assam sowie als Hybridpflanze (→ Assam-Hybride) angebaut. Sie hat breitere Blätter als die chinesische Teepflanze.

Thea sinensis: chinesische Teepflanze. Ursprünglich in China beheimatet, wird sie inzwischen auch in Japan, Darjeeling und Ceylon angebaut.

Theophyllin: Substanz mit gefäß- und bronchienerweiternder Wirkung. Sie steigert den Atemimpuls, entspannt die glatte Muskulatur der Atmungsorgane und hemmt die Freisetzung von Stoffen, die einen Asthmaanfall auslösen. Sie wird daher auch als Medikament zur Vorbeugung eines Asthmaanfalls verabreicht. Schwarztee und grüner Tee enthalten geringe Mengen an Theophyllin (sowie an dem chemisch ähnlichen Stoff Theobromin) und können in leichten Fällen einen Asthmaanfall verhindern.

Tip (engl. Spitze): Hüllblatt der Blattknospe, mit zarten Härchen, an denen der Zellsaft »kandiert«. Es färbt sich deshalb bei der Fermentation nicht dunkel, sondern bekommt eine helle, gelbliche Farbe (die als Qualitätsmerkmal gilt).

Tippy Golden Flowery Broken Orange Pekoe (TGFBOP): Topgrad bei Darjeeling-Broken-Tee, mit hohem Anteil an Tips.

Tippy Golden Flowery Orange Pekoe (TGFOP): Topgrad bei Darjeeling-Blatttee, mit hohem Anteil an Tips.

Tippy Teas: Tees mit überdurchschnittlich hohem Anteil an Blattspitzen (Tips).

Trocknen: vierter Schritt bei der → Schwarzteeherstellung. Nach der Fermentation werden die Teeblätter etwa 20 Minuten lang bei 85 °C mit Heißluft getrocknet.

Tschai: russische Bezeichnung für Tee.

Two leaves and the bud (engl. »zwei Blätter und die Knospe«): der junge Trieb am Teestrauch mit Blattknospe und den beiden jüngsten Blättern. Die Bezeichnung ist nur für Darjeeling- und Assam-Tees gebräuchlich und steht für gute Qualität.

Die Teepflanze ist ein sehr heikles Gewächs, das sehr empfindlich auf klimatische Veränderungen reagiert. Eine gute Ernte ist nur dann zu erwarten, wenn die Sonnenstunden und die Feuchtigkeitszufuhr durch Tau oder Regen genau ausgewogen ist.

U

Uva: Anbaugebiet an der Ostseite des ceylonesischen Zentralmassivs, auf 1300 bis 2000 Meter Höhe gelegen. Die beste Ernte wird in den trockenen Monaten August und September erzielt, wenn die Südwestmonsune in den südwestlichen Regionen Ceylons abregnen.

W

Wasserhärte: je weicher das Wasser, desto besser schmeckt der Tee. Ideal zur Teezubereitung ist Gebirgsquellwasser oder Trinkwasser mit einem Härtegrad bis 7 (die Werte für den jeweiligen Wohnort oder Stadtteil kann man bei den Wasserwerken erfragen). Mineralwasser mit Kohlensäure verfälscht das Aroma, stilles Wasser enthält Salze, die ebenfalls ungünstig sind. Die im Handel erhältlichen Filter mit Ionenaustauscher enthärten und entchloren das Trinkwasser, sie müssen jedoch regelmäßig gereinigt werden. Je mehr Kalk das Wasser enthält, desto schlechter schmeckt der Tee, da der Kalk die feinen Aromastoffe des Tees »erschlägt«. Eine gute Möglichkeit, weiches Wasser zur Teezubereitung zu gewinnen, besteht darin, Wasser abzukochen und es abkühlen zu lassen, um es dann erneut zu kochen und damit den Tee zu überbrühen.

Weißer Tee: neben grünem und schwarzem Tee eine Rarität auf dem Teemarkt. Weißer Tee wird ebenfalls von den Blättern des klassischen Teestrauchs gewonnen. Typisch sind die behaarten, silbrig weißen Blätter und Blattspitzen. Weißer Tee enthält wenig Säure, ist sehr mild und bekömmlich, daher auch für Menschen mit empfindlichem Magen geeignet.

Welken: erster Schritt bei der Teeverarbeitung. Die geernteten Blätter werden auf Drahtgittern ausgebreitet (ca. zwölf Stunden), wobei Warmluftventilatoren den Welkvorgang beschleunigen. Die Blätter verlieren rund 30 Prozent ihrer Feuchtigkeit und werden geschmeidig für den nächsten Schritt des → Rollens.

In Indien fügt man manchen Yogiteemischungen neben Ingwer und Kardamom auch Pfeffer hinzu, der nach der ayurvedischen Lehre den Körper erhitzt und damit den Blutkreislauf und Stoffwechsel anregt.

Winter Sweet: chinesischer grüner Tee. Die Teeblätter werden mit einem Faden zu Blüten zusammengebunden. Das hat neben der Ästhetik auch einen praktischen Nutzen, denn ein Blütengebinde liefert genau die für eine große Tasse benötigte Menge an Blättern.

Yogitee: Gewürzteemischung, bestehend aus Zimt, Kardamom, Nelken und Ingwer. Sie entspannt den Körper, regt den Geist an und eignet sich auch für Nicht-Yogis. Die Gewürze werden etwa 20 Minuten in Wasser gekocht, dann abgegossen, schließlich verfeinert man den Tee mit Milch.

Z

Zen (japan. Selbstversenkung): mystische Lehre der buddhistischen Meditation, gegründet im 7. Jahrhundert n. Chr. in China auf dem Hintergrund der taoistischen Philosophie. Die Praxis des Zen-Buddhismus kam wenige Jahrhunderte später nach Japan und hat sich dort eng mit der Ästhetik, Kultur und Tradition verwoben. Die religiöse Praxis besteht vor allem in der sitzenden Kontemplation, die mystische Versenkung und unmittelbare Wahrnehmung im Hier und Jetzt jenseits des rational-logischen Denkens erreichen soll. Auch die Teezeremonie spielt eine wichtige Rolle in der Lebensweise des Zen.

Ziegeltee: aus grobem Blatt und → Dust gepresste, ein bis drei Kilogramm schwere Blöcke von schwarzem oder grünem Tee. Er war wegen des einfacheren Transports vor allem in Zentralasien, Tibet und Russland gebräuchlich.

In buddhistischen Klöstern gehört die Teezeremonie zur religiösen Praxis.

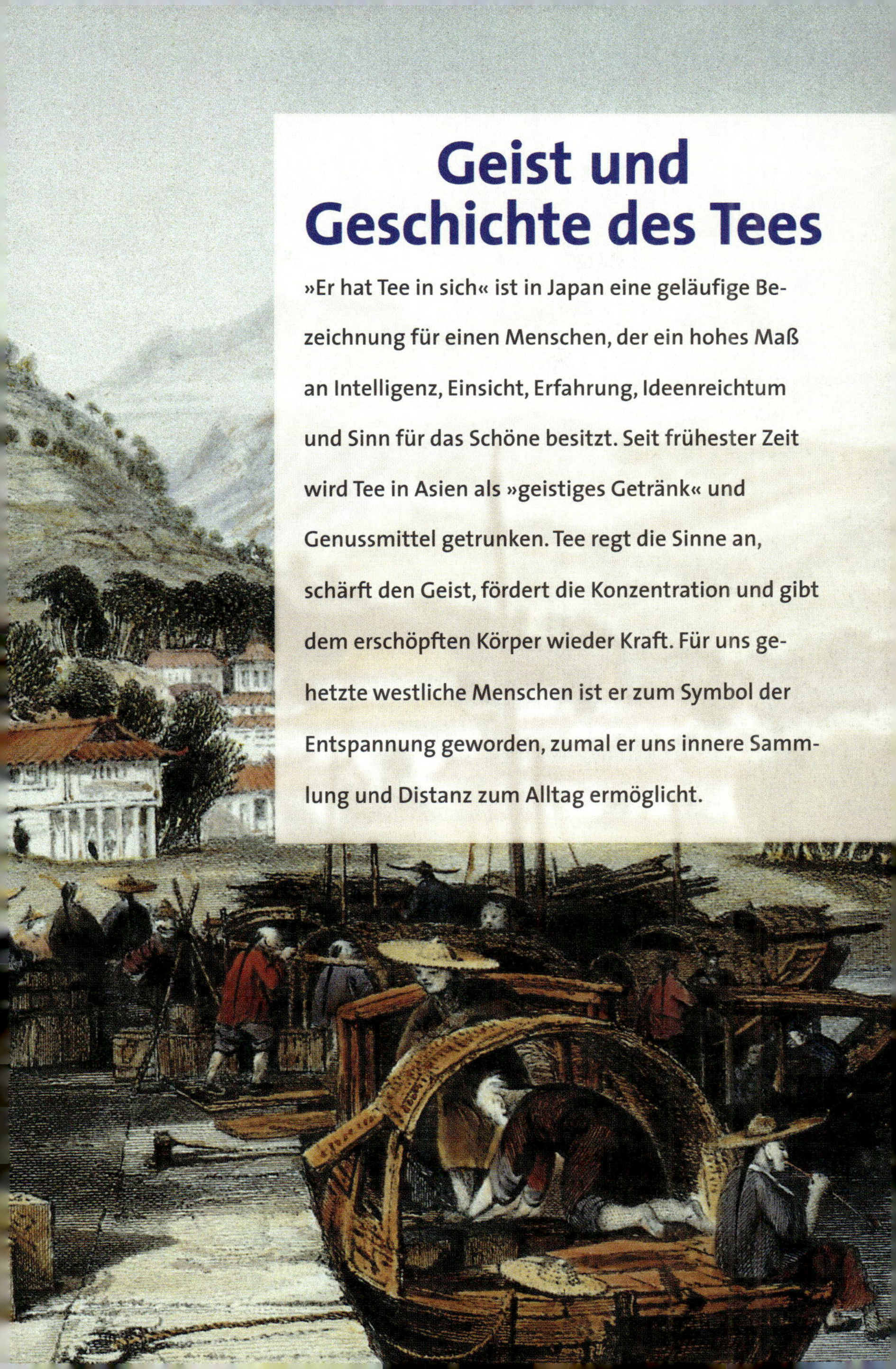

Geist und Geschichte des Tees

»Er hat Tee in sich« ist in Japan eine geläufige Bezeichnung für einen Menschen, der ein hohes Maß an Intelligenz, Einsicht, Erfahrung, Ideenreichtum und Sinn für das Schöne besitzt. Seit frühester Zeit wird Tee in Asien als »geistiges Getränk« und Genussmittel getrunken. Tee regt die Sinne an, schärft den Geist, fördert die Konzentration und gibt dem erschöpften Körper wieder Kraft. Für uns gehetzte westliche Menschen ist er zum Symbol der Entspannung geworden, zumal er uns innere Sammlung und Distanz zum Alltag ermöglicht.

Abschalten und auftanken

Tee ist einerseits das Symbol für Weltabgewandtheit, andererseits aber auch für aktive, wache Teilnahme am Leben.

▶ Sowohl der Zen-Buddhismus als auch der Taoismus stammen aus China. Beide Philosophien betrachten die Welt als »Durchgangsstadium«, sind auf ein höheres Ziel gerichtet, nehmen die alltäglichen Dinge wie sie sind und versuchen, Harmonie, Stabilität, Ruhe und Besinnung in einer unbeständigen Welt zu erlangen.

▶ Dagegen ist die Lehre des chinesischen Weisen Konfuzius (Kung Tse) sehr praktisch und rational orientiert. Sie steht dem westlichen Menschen näher, der die Dinge aktiv steuern will.

Beide philosophischen Richtungen halten den Tee für das ideale Getränk, da er den Geist klärt und die Tatkraft stärkt. Wer eine Tasse Tee zu genießen versteht, findet Ruhe und Abstand zur Hektik des Alltags und tankt neue Kräfte.

Cha Ching (»Buch vom Tee«), so lautet der Titel des ersten Handbuchs der Teekultur. Der Verfasser Lu-Yu (740–804) sammelte das Wissen über Anbau und Ernte, und er sah im Tee ein Symbol für die innere Harmonie der Dinge.

Geschichte

Die Geschichte des Tees beginnt im alten China der Kaiserzeit. Es gibt verschiedene Legenden, wie der Mensch erstmals in den Genuss des Tees kam.

▶ Eine Version erzählt von Kaiser Shen-Nung, der vor über 4700 Jahren lebte und in China auch als Vater der Arzneikunde und der Heilkräuter verehrt wird. Zufällig soll der Wind einmal Teeblätter in seine Wassertasse geweht haben. Shen-Nung probierte das herbe Getränk und fühlte sich daraufhin wunderbar erfrischt.

▶ Aus Indien stammt die Geschichte vom Buddha-Jünger Bodhidarma, der im 6. Jahrhundert n. Chr. den Buddhismus nach China brachte und als Urvater des Zen-Buddhismus verehrt wird. Bei seinen Meditationen überkam ihn der Schlaf. Aus Zorn über diese Schwäche riss er sich die Augenlider ab. Dort, wo sie zu Boden fielen, schlugen sie Wurzeln und trieben einen Strauch mit grünen Blättern. Bodhidarma probierte davon und war plötzlich hellwach. Noch heute wird im Japanischen für »Tee« und »Augenlid« dasselbe Schriftzeichen benutzt.

Verbreitung und Bedeutung des Tees

Im japanischen Buddhismus wurde der Tee (gemeint ist immer der grüne Tee) zu einem kultischen Getränk, das in den Mittelpunkt sakraler Handlungen und Zeremonien rückte. Die Zen-Mönche tranken ihn nach einem strengen Ritual. Ab dem 15. Jahrhundert entwickelte sich in Japan ein Teekult, der fast alle Lebensbereiche erfasste und beeinflusste: Alltagsgebräuche, Kleidung, Malerei, Literatur, Architektur und Ästhetik.

Tee und asiatische Philosophie verkörpern Wachheit ohne Hektik sowie Gelassenheit und Ruhe ohne Erschöpfung.

Erste Schriften über den Tee

Schon vor 5000 Jahren war Tee in den Arzneivorschriften des Kaisers Shen-Nung erwähnt. Später spielte er in der chinesischen Bürokratie eine Rolle, denn der Adel musste Naturalsteuer in Form von Tee an den Kaiser entrichten.

Tee als Tao

Der Philosoph Popchong Sunim hat die Symbolik des Tees in weisen Worten zusammengefasst:
»Tee gilt als ein Weg (Tao), weil er zu den Dingen gehört, die man über das Gefühl und nicht durch verbale Anweisungen zu würdigen lernt. Nur wer einen Zustand von Gelassenheit bewahren kann, wird auch fähig sein, die dem Tee innewohnende Ruhe zu würdigen. Ein aufgeregter Mensch wird niemals die Stille des Tees erkennen.
Aus diesem Grunde heißt es: Tee und Meditation haben einen Geschmack.«

Sehr früh beginnt dann in Asien die »Demokratisierung« des Tees, und er wird zum Getränk aller Bevölkerungsschichten, nicht zuletzt wegen seiner medizinischen Wirksamkeit: Man empfiehlt ihn z. B. bei geistiger und körperlicher Erschöpfung, nachlassender Sehkraft im Alter und gegen Kopfschmerzen.

Im 8. Jahrhundert erscheint das »Cha Ching«, das erste Buch vom Tee. Der Autor Lu Yu (740–804), ein Anhänger des Konfuzianismus, beschreibt darin detailliert die Zubereitungsformen und Zeremonien. Jeder Handgriff symbolisiert einen bestimmten Gedankengang und ist Teil einer Lebensphilosophie. Tee verlangt und fördert also nicht nur Gelassenheit, sondern auch positive Selbstdisziplin.

Ob per Schiff oder Karawane: Der Tee war immer mehrere Monate unterwegs. Bis ins 19. Jahrhundert hatte der Karawanentee den besseren Ruf, denn die feuchten, dunklen Schiffsbäuche waren nicht gerade ein idealer Lagerraum.

Teegenuss in Europa

Als Erste kamen europäische Seefahrer und Missionare im 14. Jahrhundert in den Genuss des Tees. Sie brachten einzelne, teuer gehandelte Teemuster mit nach Europa. Das neu importierte Getränk galt als Mittel zur körperlichen und geistigen Regeneration, wurde zur Fiebersenkung und zur Blutverdünnung verordnet und in Apotheken verkauft.

Zeichen von Luxus

Im 17. Jahrhundert errichteten die Niederlande, die damals fortschrittlichste Nation Europas, eine Handelsgesellschaft, die u. a. auch Tee aus China und Japan importierte. Tee war lange Zeit ein Luxusgut, und dank der Vorliebe des Rokoko für alles Edle und Feine, wie etwa chinesische Seide und Porzellan, konnte auch der Tee sich immer mehr durchsetzen. Etwa zur gleichen Zeit gelangte er auf dem Landweg nach Russland (»Karawanentee«) und wurde dort zu einem der beliebtesten Volksgetränke.

Zeitgenössische Darstellung der »Boston Tea Party«: Am Luxusgut Tee entlud sich die Wut der nach Unabhängigkeit strebenden Amerikaner.

Very british

Mit englischem Kapital wurden im 18. und 19. Jahrhundert große Teeplantagen in den Kolonien, vor allem in Indien und auf Ceylon, errichtet. Die Eigentümer wollten Gewinne erzielen und neue Absatzmärkte erschließen. Dass England das sanfteste aller Getränke zu seinem Nationalgetränk machte, hatte also nicht philosophische oder kulinarische Ursachen, sondern wirtschaftspolitische Gründe.

»Ariel« und »Taeping« hießen die schnellsten Clipper, die 1866 mit einem zeitlichen Abstand von nur zehn Minuten in London ankamen. Noch heute kann man ein anderes Teeschiff, die »Cutty Sark«, in Greenwich besichtigen.

Die legendären »Tea Races«

Je frischer der Tee nach England kam, desto aromatischer schmeckte er und desto teurer konnte er auf den Auktionen verkauft werden. Londoner Teefirmen richteten daher jede Saison Wettrennen aus und bezahlten dem Kapitän, der als Erster mit der frischen Ladung an Land ging, ein hohes Preisgeld. Stattliche und schnelle Viermaster (Clipper) brachten in weniger als 100 Tagen die Fracht von Asien nach Europa. Die Öffnung des Suez-Kanals 1869 verkürzte den Transportweg um über 12 000 Kilometer; außerdem wurden die Segler jetzt durch Dampfschiffe ersetzt.

Die Boston Tea Party

Der Tee wurde von den englischen Kolonialherren mehrfach und hoch besteuert, bevor er in Amerika zum Verkauf kam. Als Indianer verkleidet warfen deshalb am 16. Dezember 1773 rund 90 Bürger von Boston mehr als 300 Kisten importierten Tee in den Hafen, um gegen die Teesteuer zu protestieren. Die Boston Tea Party war einer der Auslöser für den Nordamerikanischen Unabhängigkeitskrieg.

Die Trinkwasserqualität in der ostfriesischen Moor- und Küstenlandschaft ist eher schlecht; dagegen kann sich nur eine kräftige Schwarzteemischung durchsetzen.

Und was ist mit Deutschland?

Von den Ostfriesen einmal abgesehen sind die Deutschen keine Teetrinkernation. Es hat sich zwar inzwischen herumgesprochen, dass grüner Tee, Rotbusch-, Pu-erh-Tee und Kräuteraufgüsse für die Gesundheit besonders wertvoll sind. Als Genussmittel hat den Tee aber erst eine exklusive Minderheit entdeckt. Dabei ermöglicht er sowohl gesundheitliches Wohlbefinden als auchEntspannung und Genuss.

Ostfriesland

In Ostfriesland wird nicht einfach eine Tasse Tee serviert, dort wird das Teetrinken zelebriert. »Een Koppke mit ‘n Kluntje un Room« (zu Deutsch »ein Tässchen mit Kandis und Sahne«) – die Ostfriesen trinken Unmengen davon.

- Rund um die Uhr steht ein Wasserkessel mit heißem Wasser auf dem Herd bereit. Aufgegossen wird nur die echte Ostfriesische Mischung (die aus kräftigen Assam-Schwarzteesorten besteht): ein Teelöffel pro Tasse und zusätzlich ein Teelöffel für die Kanne.
- Aus dem »Kluntjepott« nimmt man weißen Kandiszucker und legt ihn in die leere Teetasse. Er knistert, wenn man die Tasse mit dem heißen Getränk füllt.

- Mit einem speziell gebogenen Löffel wird die Sahne von der Milch abgeschöpft und vorsichtig auf den Tee gelegt. Man rührt nicht um, denn der Tee soll »vielschichtig« schmecken.
- Der Kandiszucker löst sich langsam auf, und wenn das Stück groß genug war, reicht es für mehrere Tassen.
- Es wird so lange nachgeschenkt, bis der Gast den Löffel in der Tasse lässt, um zu signalisieren, dass er jetzt genug hat.
- Zwischen 14 und 15 Uhr ist die eigentliche Teezeit in Ostfriesland, dann werden zusätzlich Kuchen, Kekse oder Schmalzgebackenes gereicht.

Lange Zeit war Tee nur dem Adel bzw. der besseren Gesellschaft vorbehalten. Inzwischen ist er in allen Teilen der Welt zu einem Volksgetränk geworden.

Hansestädte, Handelsstädte, Teestädte

Die ostfriesischen Städte Emden, Leer und Norden sowie die Hansestädte Hamburg und Bremen wurden zu wichtigen Teezentren in Deutschland.

Große Nachfrage bestand ab dem 19. Jahrhundert in den Kurorten, schließlich musste man den Ansprüchen vor allem der englischen und russischen Gäste gerecht werden.

Die Firma Messmer verdankt ihren Aufstieg einem glücklichen Zufall. Kaiser Wilhelm I. war mit seiner Hofhaltung nach Baden-Baden gekommen. Bei Hofe trank man damals russischen Tee, ein Geschenk des Zaren. Dann aber ging der kaiserlichen Kurgesellschaft der Teevorrat zur Neige. Otto Messmer, damals Inhaber eines Delikatessengeschäfts in

Ein Getränk setzt sich durch

Friedrich der Große versuchte, den Ostfriesen das Teetrinken zu verbieten. In den »geradezu barbarischen Mengen«, wie sie ihn tranken, müsse er doch schädlich sein. Außerdem verleite er zum mehrstündigen faulen Herumsitzen. Doch die Gewohnheit war schon tief verwurzelt und wurde schließlich offiziell erlaubt.

Baden-Baden, sprang ein, schneller als Nachschub aus Berlin kam. Es gelang ihm herauszufinden, wie die russische Mischung zusammengesetzt war. Und die Messmersche Mischung übertraf schließlich das Original.

Meditation wird in der westlichen Welt allzu oft mit Entspannung verwechselt. Tatsächlich jedoch haben meditative Übungswege aus den asiatischen Traditionen die Förderung von Wachheit und Klarheit des Geistes zum Ziel und fordern vom Übenden deshalb ein hohes Maß an Selbstdisziplin und -schulung.

Meditation, Konzentration, Wachheit

Teegenuss ganz allgemein und grüner Tee im Besonderen fördert den Zustand entspannter Aufmerksamkeit. Teetrinken ist mehr als »Abschalten«, es ist aktives Kraftschöpfen. Meditation, gesteigerte Konzentration und Tee gehören also unmittelbar zusammen.

Wirkung von Meditation

Eine amerikanische Forschergruppe führte mit 60 Versuchspersonen ein psychologisches Experiment durch. 30 dieser Personen hatten zum Teil mehrjährige Erfahrung im Meditieren. Alle Teilnehmer bekamen einen Film über die Folgen von Arbeitsunfällen in einem Sägewerk gezeigt, mit oft schockierenden Aufnahmen der Unfallopfer. Bei allen Versuchspersonen wurde während des Films ermittelt, wie sehr sie unter Stress standen, durch Messung des Herzschlags, des Hautwiderstands bzw. der Schweißabsonderung. Das Ergebnis belegte die Wirkung von Meditation:

- Die in Meditation geübten Menschen standen zwar extrem unter Stress, schwitzten und hatten einen deutlich höheren Puls als die andere Versuchsgruppe. Unmittelbar nach dem Film beruhigten sie sich jedoch gleich wieder und fanden überdurchschnittlich schnell wieder zur Ruhe.
- Bei den nicht meditierenden Versuchspersonen hingegen war ebenfalls eine starke Stressreaktion nachzuweisen, die aber noch sehr lange anhielt, ein Zeichen dafür, dass ihre Fähigkeit zu überlegtem Handeln herabgesetzt blieb.

Tee und Konzentration

Der Psychiater Emil Kraepelin und der Psychologieprofessor Richard Pauli führten zu Beginn des 20. Jahrhunderts Rechenversuche durch (den später so genannten Pauli-Test). Dabei mussten die Testpersonen Reihenadditionen ausführen. Der Pauli-Test dauert insgesamt eine Stunde. Dabei wird die Leistung der Testpersonen in jeweils Drei-Minuten-Intervalle untergliedert und in einer »Arbeitskurve« festgehalten.

- Es konnte eine Leistungssteigerung um bis zu 25 Prozent festgestellt werden, wenn die Testpersonen mehrere Tassen (schwarzen) Tee getrunken hatten. Als optimal erwies sich eine Koffeinzufuhr von zehn Gramm, das entspricht etwa 250 Milliliter Tee.
- Die Konzentrationsfähigkeit begann etwa zehn Minuten nach dem Teegenuss zu steigen und erreichte nach rund 40 Minuten ihren Höhepunkt.

Grüner Tee war zu Beginn des 20. Jahrhunderts, als man dieses Experiment durchführte, in Europa nahezu in Vergessenheit geraten. Heute ist hingegen wissenschaftlich erwiesen, dass die anregende Wirkung von grünem Tee verzögert einsetzt (da das Koffein an Gerbstoffe gebunden ist und langsamer freigesetzt wird). Das hat zur Folge, dass die Wirkung des anregenden Getränks wesentlich länger anhält und zudem den Kreislauf nicht belastet.

Die Fähigkeit sich zu konzentrieren kann erlernt und trainiert werden, dafür ist es nie zu spät. Vor allem Kinder müssen lernen, sich nicht andauernd zu zerstreuen, sondern einmal konstant bei einer Sache oder einem Spiel zu bleiben.

Tee »befreit das Gehirn«

Eine alte englische Werbeschrift sagte dem Tee 20 gute Eigenschaften nach, u. a.: »(er) reinigt das Blut, bezwingt schwere Träume, befreit das Gehirn …, klärt das Auge, vertreibt Trübheit, macht flink und tapfer, verbessert das Erinnerungsvermögen …«.

Prominente Freunde des Tees

Tee entspannt, er klärt die Sinne und regt den Geist an. Es ist also kein Wunder, dass Dichter und Philosophen im alten China und Japan das herbe Getränk bevorzugten, wenn sie ihren Gedanken nachhingen. Als der Tee schließlich in Europa eingeführt wurde, verbreitete er sich zunächst auch hier unter den Adligen, Gelehrten und Künstlern. Die Anekdoten rund um Teegenuss der Dichter und Denker sind seitdem zahllos.

Kaiserliche-königliche Anfänge

Die erste Einladung zum Tee der Weltgeschichte soll – so will es zumindest die Überlieferung – im Jahr 729 in der damaligen japanischen Hauptsstadt Nara ausgesprochen worden sein. Kaiser Shomu gab demnach in seinem Palast einen großen Nachmittags-Herrentee für 100 buddhistische Mönche.

König George I. von England regierte im 17. Jahrhundert bereits eine »Nation von Teetrinkern«. Sein Sohn war dann das erste englische Staatsoberhaupt, das sich eine Sammlung wertvoller chinesischer Teekannen zulegte.

In Deutschland wurde Tee populär, als ihn der Große Kurfürst Friedrich Wilhelm im 17. Jahrhundert bei Hof einführte. Der Leibarzt Cornelis Bontekoe soll die Gicht des Kurfürsten damit behandelt haben. Tee und Seide aus China wurden mit Silber bezahlt, was der Philosoph Gottfried Herder offensichtlich als glatte Verschwendung ansah, denn er schrieb: »Die Chinesen nehmen des Europäers Silber und geben ihm dafür Millionen Pfunde des entkräftenden Tees.« Doch hier irrte der Philosoph. Und weil Tee im Gegenteil ein Kräftigungsmittel ist, war sein Siegeszug nicht mehr aufzuhalten.

Schöngeister, Künstler und Gelehrte

- Gotthold Ephraim Lessing ließ sich oft bei seiner Arbeit vom Tee inspirieren. Ebenso Johann Wolfgang von Goethe. Er war so überzeugt von diesem Getränk, dass er auch seiner Freundin Charlotte von Stein dringend riet, der Gesundheit zuliebe Tee statt Kaffee zu trinken. Goethe konsumierte maßvoll und pflegte die Konversation bei den damals üblichen Teegesellschaften.

Die wichtigste Nebensache der Welt

Heinrich Schliemanns Verhältnis zum Tee war von ganz besonderer Art. Durch Teehandel nämlich hatte er sich ein Vermögen erworben, das ihm seine archäologischen Forschungsreisen und Ausgrabungen (und die Entdeckung Trojas) überhaupt erst ermöglichte.

- Mit Christiane Vulpius, seinem überhaupt nicht standesgemäßen »Bettschatz«, hatte Goethe nicht nur ein jahrelanges Verhältnis, sondern auch ein uneheliches Kind. Als er sie letztlich doch geheiratet hatte, waren die Damen der Weimarer Gesellschaft schockiert: Konnte man »diese Person« überhaupt einladen? Ein adeliges Fräulein löste das Problem höchst elegant mit den Worten: »Mich dünkt, wenn Goethe ihr seinen Namen gibt, können wir ihr wohl wenigstens eine Tasse Tee geben.«
- Johanna Schopenhauer, die Mutter des Philosophen Arthur Schopenhauer, war Gastgeberin eines literarischen Salons in Weimar, den auch Goethe gern besuchte. Ausdrücklich lobte sie die englischen Teesitten: »Alles geschieht mit feierlicher Ruhe, die Engländer gern ihren Mahlzeiten geben, besonders ihren Teestunden, denn sie mögen dabei keinen anderen Gedanken aufkommen lassen als den des Genusses.«
- Für Honoré de Balzac hatte das Teeritual eine erotische Dimension. Über die Art, wie eine Frau den Tee anbietet, schreibt er mit der ihm eigenen Beobachtungsgabe: »Von der in kaltem Tone ausgesprochenen Frage ›Nehmen Sie Tee?‹ bis zu dem gewaltigen Gedicht der vom Teetisch kommenden Odaliske, die dem Pascha ihres Herzens mit unterwürfiger Miene und zärtlich zitternder Stimme, mit Blicken voll wollüstiger Versprechungen eine Tasse Tee anbietet – aus dieser Scala der Nuancen im Benehmen könnte ein geschickter Psychologe alle Empfindungen des Weibes herausanalysieren.«

Genuss ohne Reue

Herbert Tichy (1912–1987), Geologe und Fernostkorrespondent, lässt sich von einem Begleiter die Vorzüge der Teeträume schildern: »Andere trinken Wein«, sagte er zu mir, »und glauben, es sei ein großer Genuss. Als ich noch jung und unerfahren war, glaubte ich auch an die Träume, die der Wein schenkt. Aber wenn man aufwacht, ist die Welt grau und traurig. Nach den Träumen des Tees gibt es kein unfreundliches Erwachen.«

Warenkunde, Zahlen und Fakten

Im heutigen Sprachgebrauch wird jedes Aufgussgetränk, auch der Kräuteraufguss, als Tee bezeichnet. Aber streng genommen lässt sich nur aus den (schwarzen oder grünen) Blättern des Teestrauchs ein echter Tee zubereiten. Alle anderen Getränke sind dagegen »teeähnliche« Aufgüsse. In diesem Kapitel erfahren Sie alles Wichtige über Botanik, Anbau, Verarbeitung, Lagerung und Zubereitung von Tee und Kräuteraufgüssen.

Botanisches über die Teepflanze

Der Teestrauch gehört zur Gattung der Kameliengewächse und zur Familie der Theaceae bzw. Ternströmiazeen. Die Bezeichnung »T'e« stammt aus einem chinesischen Dialekt und wurde zusammen mit dem Getränk auch in Europa übernommen.

▶ Je nach Blattform unterscheidet man die groß- und breitblättrige Stammpflanze »Thea assamica« und die schmalblättrige Stammpflanze »Thea sinensis«. Durch immer neue Kreuzungen dieser beiden wurde die besonders widerstandsfähige und ertragreiche Assam-Hybride gewonnen, die in fast allen Teeplantagen der Welt angebaut wird.

Keine Maschine kann das Fingerspitzengefühl der Frauen beim Teepflücken ersetzen. Bis zu 50 Kilogramm erntet eine Pflückerin pro Tag.

▶ Der botanische Name »Thea« wurde durch den deutschen Arzt und Forschungsreisenden Engelbrecht Kaempfer (1651–1716) und den schwedischen Botaniker Carl von Linné (1707–1778) eingeführt.

Thea assamica und Thea sinensis

Der immergrüne Teestrauch ist in China und Japan heimisch und wurde u. a. nach Java, Indien und Ceylon ausgeführt. Er hat kurzstielige, glänzende, lederartige Blätter mit gezahntem Rand, gelblich weiße Blüten, dreisamige Kapseln mit kirschkerngroßen, braunen Samen. Die Blattknospe und die Unterseite der jungen Blätter sind mit einem weißen Flaum bedeckt, der auch im fertigen Tee als silbriger Schimmer erkennbar ist.

▶ Thea assamica wächst unbeschnitten zu einem Baum von über zehn Metern Höhe. Thea sinensis ist von Natur aus strauchartig und wird maximal vier Meter hoch.

▶ Tee wächst nur in Regionen mit bestimmten klimatischen Bedingungen. Er benötigt nährstoffreichen Boden, eine Jahresdurchschnittstemperatur von 18 °C (maximal 32 °C im Schatten), täglich mindestens vier Stunden Sonnenschein und Jahresniederschläge von etwa 1500 Liter pro Quadratmeter. Frost und stauende Nässe verträgt er nicht. Nicht nur wegen der besseren Sonnenlage wird er in Bergregionen angebaut, sondern auch weil dort das Wasser besser abfließt.

Erntephasen und Verarbeitung

Bei Darjeeling- und Assam-Sorten gibt es vier bis fünf Erntephasen. Im Februar und März werden die frisch aus der Knospe entfalteten Blätter gepflückt. Dann folgen im Abstand von etwa eineinhalb Monaten die Pflückungen: first flush und second flush, Regentee und Herbsttee.
Auf Ceylon, Java, Sumatra und in Südindien gibt es praktisch keine Erntepausen. Unter der tropischen Sonne wachsen die Triebe so schnell, dass die Pflückerinnen kaum nachkommen. Im Hochland muss alle acht bis zwölf Tage, in der Ebene alle fünf bis acht Tage geerntet werden.

Jeder Tee ist ursprünglich grün. Erst ab dem 18. Jahrhundert verbreitete sich in Europa der als Kolonialware gehandelte fermentierte schwarze Tee.

Welken und Rollen

Die geernteten Blätter werden auf Drahtgittern zum Welken ausgebreitet (sechs bis zwölf Stunden), wobei Warmluftventilatoren den Vorgang beschleunigen. Die Blätter verlieren rund 30 Prozent ihrer Feuchtigkeit und werden geschmeidig für den nächsten Schritt – das Rollen. Je nach Grad und Intensität des Rollens unterscheidet man hier zwischen:

- First dhool (ausgesiebt nach dem ersten Rollvorgang)
- Second dhool (nach erneut ca. 30-minütigem Rollen)
- Third dhool (nach dem dritten Rollen)

Schwarz, grün oder halbfermentiert?

Schwarzer und grüner Tee stammen beide von dem gleichen Teestrauch. Sie unterscheiden sich jedoch in der Art ihrer Verarbeitung und Fermentation.

▶ Beim grünen Tee wird die Fermentation durch schwaches Dämpfen bzw. Rösten unterbunden. Grüner Tee ist »ursprünglicher« und hat einen hohen Gerbstoffgehalt.

▶ Bei halbfermentiertem Tee (Oolong) werden die Blätter kurz »anfermentiert«, der Prozess wird aber nach kurzer Zeit gestoppt.

▶ Zur Herstellung von Schwarztee lässt man die Blätter fermentieren, d.h., unter Einwirkung des Luftsauerstoffs findet ein chemischer Prozess statt, bei dem ein Teil der Gerbstoffe zerstört wird und die grünen Blätter sich dunkel färben.

Wenn ein Teestrauch gut gepflegt wird und etwa alle vier bis fünf Jahre eine Pause bekommt (nach der er neu austreibt), kann er 100 Jahre und älter werden.

Anbauländer und -regionen

Die Forscher sind sich nicht ganz einig, welche der beiden »Theas« die ursprüngliche Pflanze ist. Für den Teetrinker spielt das kein große Rolle. Sehr wohl aber, woher der Tee stammt, den er gerade trinkt. Blicken Sie einmal über den eigenen Tassenrand hinaus, und unternehmen Sie eine Gedankenreise zu seinen Herkunftsländern.

China

Die wichtigsten Teeanbaugebiete in China, Taiwan und Japan sind auf dem Satellitenbild auf Seite 56/57 violett markiert.

Bis 1860 war China der einzige Exporteur von Tee, und noch heute ist es weltweit der zweitgrößte Hersteller. Die Produktion besteht zu rund 80 Prozent aus grünem und halbfermentiertem Tee.

▶ In insgesamt 14 chinesischen Provinzen wird Tee angebaut, vor allem in den südlichen und mittleren Provinzen Szechuan, Keemun, Hunan und Yunnan.

▶ Wegen der Konkurrenz der Teekolonien gingen die Exporte ab 1880 drastisch zurück. Die teilweise Besetzung Chinas durch europäische Nationen schädigte die Teewirtschaft, ebenso die japanische Invasion 1937 und der Widerstandskrieg bis 1945.

Als der Teeanbau noch idyllisch war: Darstellung einer Teeplantage aus einem Buch von 1813. Zu dieser Zeit setzte man dressierte Affen zur Erntearbeit ein.

▶ Seit der Revolution 1949 wird Tee in Großplantagen angebaut, zuvor lag die Produktion in der Hand von Kleinbauern.
▶ In China ist die Teeproduktion von besonders vielen Geheimnissen umgeben. Noch heute soll es Teegärten geben, in denen, völlig von der Öffentlichkeit abgeschirmt, die exklusivsten Sorten der Welt geerntet werden.

Portugal, das mit England über Jahrhunderte hinweg in engster Verbindung stand, hat die englischen »tea times« übernommen und zelebriert den Teegenuss täglich in den extra dafür bestehenden Teehäusern.

Indien

Der indische Plantagenanbau geht auf die englischen Kolonialherren des 19. Jahrhunderts zurück. Heute gibt es in Indien vier Hauptanbaugebiete: Assam, Darjeeling und Dooars im Norden sowie Nilgiri im Süden des Landes.
▶ Im Hochland des nordindischen Assam, dem heute größten zusammenhängenden Teeanbaugebiet der Welt, nahm 1832 die indische Teeproduktion ihren Anfang.
▶ Im Anbaugebiet von Darjeeling an den Südhängen des Himalaja wächst, dank der Hochlage (1000 bis 2400 Meter), ein qualitativ sehr hochwertiger Tee.

Sri Lanka

Zunächst bauten die englischen Kolonialherren im 19. Jahrhundert Kaffee auf der Insel Ceylon an. Als um 1870 eine Pilzkrankheit die Kaffeeplantagen vernichtet hatte, wurden große Teeplantagen angelegt.

Je nach Höhenlage unterscheidet man bei den Ceylontees:

- Low grown (unterhalb 650 Meter)
- Medium grown (zwischen 650 und 1300 Meter)
- High grown (oberhalb 1300 Meter)

Die Monsunperioden begünstigen jeweils unterschiedliche Anbaugebiete und ermöglichen dort eine gute Ernte:

- Der Südwestmonsun von Juni bis September bringt dem Westen Regen, der Uva-Provinz im Osten trockenen Wind (und feinste Uva-Qualitäten in dieser Phase).
- Bei Nordostmonsun von Dezember bis März ist es genau umgekehrt; jetzt wachsen besonders aromatische Tees im westlich gelegenen Dimbula-Gebiet.
- Der Nuwara Eliya-Distrikt zwischen diesen beiden Regionen liefert fast ganzjährig gleichmäßig hochwertigen Tee.

Sri Lanka ist inzwischen politisch unabhängig und hat seinen ursprünglichen Namen wieder. Der Tee von der Insel hingegen wird weiter unter seinem Kolonialnamen als »Ceylon-Tee« gehandelt.

Japan

Buddhistische Mönche brachten zwischen dem 6. und 8. Jahrhundert den Tee von China nach Japan. Schon der Blick auf einen japanischen Teegarten lässt erkennen, dass auf das meditative Moment besonders großer Wert gelegt wird. Japanische Teesträucher sind in Form geschnitten wie Ziersträucher in einem französischen Park. Vom Anblick eines Teegartens bis zum Teezeremoniell steht das Streben nach Harmonie und Gleichmaß im Vordergrund. Tee ist in Japan kein Wirtschaftsfaktor. Es führt nur rund 2000 Tonnen Tee aus und muss sogar rund 10 000 Tonnen importieren. Getrunken wird hauptsächlich grüner Tee, Schwarztee ist weniger beliebt.

Indonesien

Auch in Indonesien geht der Teeanbau auf die Kolonialzeit zurück. Die Holländer hatten die Molukken, Java und Sumatra in ihren Besitz gebracht und legten dort Ende des 19. Jahrhunderts erste Teeplantagen an. Auf Sumatra, das direkt am Äquator liegt, wird das ganze Jahr über geerntet. Es regnet dort regelmäßig, der Tee ist »berechenbar«, von gleichbleibender Qualität und wird deshalb als Basis für Mischungen verwendet. Auf Java werden die besten Tees während der Trockenperiode zwischen Juli und September geerntet.

Auf Sumatra wurden vor allem Assam-Pflanzen angebaut. Deshalb schmeckt Tee aus Sumatra trotz anderer klimatischer Verhältnisse fast genauso wie purer Assam-Tee aus Nordindien.

Afrika

Erst Anfang des 20. Jahrhunderts wurde in Afrika mit dem Teeanbau begonnen. Afrikanischer Tee ist meist kräftig und hat eine helle Tasse (»bright«). Er eignet sich besonders gut für Tee mit Milch und wird deshalb vor allem nach Großbritannien exportiert. Tee aus Afrika verdrängt auf dem internationalen Weltmarkt zunehmend die Assam-Sorten, wobei der größte Teil in Form von Aufgussbeuteln oder Mischungen, nur selten als lose Ware im gut sortierten Fachhandel verkauft wird.

- Kenia ist das größte Teeland Afrikas und liefert vor allem von Kleinbauern produzierte hochwertige Sorten. Hauptanbaugebiete sind die Distrikte Kericho, Nyeri, Meru, Limuru und Kiambu.
- In Malawi, dem zweitgrößten Teeland, ist Tee nach Tabak und Zucker das wichtigste Exportgut. Die Hauptanbaugebiete sind Cholo und Mlanje; dort wird ganzjährig in Lagen zwischen 800 und 1400 Meter produziert.
- In Ruanda und Burundi wird größtenteils im Hochland angebaut; Tee aus diesen Regionen ist auf dem Weltmarkt relativ teuer. Vor Kriegsausbruch 1994 befand sich mehr als

die Hälfte der Anbaufläche von Ruanda in der Hand von Kleinbauern. Durch den Krieg ist die Produktion nahezu zum Erliegen gekommen.

- Tansania verdankt seine Teewirtschaft den deutschen Kolonialherren vor dem Ersten Weltkrieg. In Höhen zwischen 1000 und 2000 Meter wird ganzjährig produziert; der Tee gilt als Massenware.
- Kamerun hat eine kleine, aber feine Teeproduktion. Einige seiner Teegärten liegen auf über 2400 Meter und erzeugen Spitzensorten.
- Aus Simbabwe und Zaire kommen Tees von mittlerer Qualität, Mosambik nimmt einen Platz eher im unteren Bereich ein und exportiert vor allem nach Portugal. Tee aus Südafrika erinnert im Geschmack an Ceylon-Tee; der Großteil der Produktion wird im eigenen Land verbraucht.

Die Rezepte für Mischungen ändern sich je nach Ernte und Aroma der einzelnen Sorten. Und sie werden von den Firmen gehütet wie ein Schatz.

Türkei

Seit 1924 wird hier Tee produziert, vor allem in Kleinbetrieben in einem südwestlich des Kaukasus parallel zur Schwarzmeerküste verlaufenden Streifen. Die Türkei ist weltweit etwa der fünfgrößte Teeproduzent. Es werden jedoch nur kleine Mengen exportiert.

GUS

Mit einer Teeforschungsstation am Schwarzen Meer begann der Anbau in Russland. Es gelang, Pflanzen zu züchten, die auch im raueren Klima wachsen. Durch maschinelle Pflückung wird Tee von sehr mäßiger Qualität produziert (nicht zu verwechseln mit der »Russischen Mischung«).

Südamerika

Systematischen Anbau betreibt man hier erst seit 1950, vor allem in Argentinien. Der Tee ist jedoch von geringer Qualität und nur für Mischungen geeignet.

Grüner Tee – Tendenz steigend

Statistiken hinken in der Regel der Zeit hinterher. Dies gilt auch für die Ermittlung des durchschnittlichen Teekonsums. Das Deutsche Teebüro in Hamburg ermittelte für das Jahr 1998 folgende Daten:

- Grüner Tee wird in Deutschland immer beliebter. Innerhalb der letzten acht Jahre hat sich der Konsum verdreißigfacht.
- Von den gesamten Weltteeexporten gingen 38 658 Tonnen Tee im Wert von 227 170 Millionen DM nach Deutschland, davon 33 373 Tonnen schwarzer Tee und 5 285 Tonnen grüner Tee.
- Von dem Importplus im Vergleich zum Vorjahr in Höhe von 3 693 Tonnen entfielen nur 705 Tonnen auf schwarzen Tee, dagegen 2 988 auf grünen Tee. Von Deutschland aus wurden 16 327 Tonnen Tee weiter exportiert, im Land blieben 22 330 Tonnen.
- Die Weltproduktion von Grün- und Schwarztee betrug im Jahr 1997 rund 2,6 Millionen Tonnen. Indien konnte seine Teeproduktion um 3,9 Prozent steigern und ist mit über 810 613 Tonnen der bedeutendste Teeproduzent vor China und Sri Lanka. Allerdings wird der größte Teil (70 Prozent) im eigenen Land verbraucht.
- Sri Lanka konnte seine Produktion um 7,1 Prozent auf 277 428 Tonnen steigern und exportierte davon etwa 93 Prozent.
- China erzeugte 1997 insgesamt über 613 366 Tonnen (plus 3,4 Prozent) und exportierte 202 464 Tonnen.

Zwischen den Teeexportländern besteht ein ähnlicher Konkurrenzkampf wie zwischen Kaffee- oder Kakaoproduzenten. Die Preise auf dem Weltmarkt richten sich aber nach der Qualität und nicht nach der Quantität des Produkts. Aus diesem Grund ist grüner Tee aus China jüngst in Verruf geraten, da auf eine schadstofffreie Aufzucht der Teeplantagen nur in wenigen kleinen Betrieben geachtet wird und die Qualität der Teeblätter starken Schaden erlitten hat.

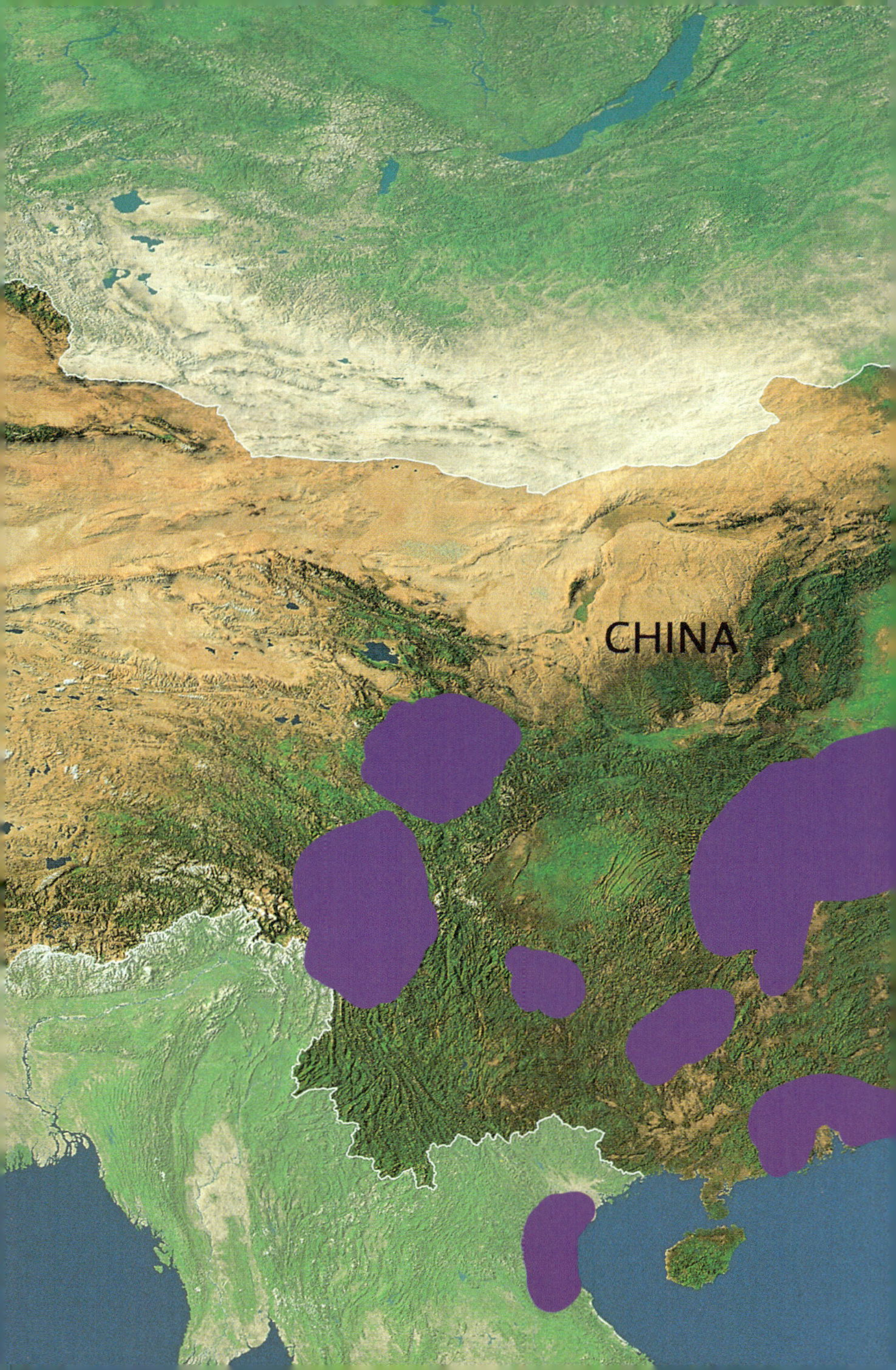
CHINA

JAPAN
TAIWAN

Blattgrade und Blattsortierung

Die Schwarzteeherstellung geht seit Jahrhunderten in gleicher Weise vor sich: Welken und Rollen der Blätter, Fermentation, Trocknen, Sieben bzw. Sortieren und Verpacken. Neuere Methoden wie die CTC-Produktion beschleunigen und rationalisieren die Verarbeitung. Qualitäts- und Geschmacksunterschiede sind u. a. bedingt durch:

- Die geographische Lage und die klimatischen Bedingungen
- Art und Häufigkeit der Pflückung
- Die unterschiedlichen Blattgrade

CTC ist die Abkürzung für engl. Crushing (zerbrechen), Tearing (zerreißen) und Curling (rollen), d.h., die Teeblätter werden in mehreren Schritten zerkleinert und gerollt. Der Tee ist umso ergiebiger, je stärker das Blatt zerkleinert ist.

Und ähnlich wie die Adresse eines Menschen sich aus verschiedenen Teilen zusammensetzt, geben auch die Abkürzungen beim Tee Auskunft über »Wohnort« bzw. Herkunft, Art der Pflückung, Art der Verarbeitung und Blattgrad.

Blatttee

Weniger als fünf Prozent der Weltproduktion kommen als Blatttee, d.h. in Form der ganzen bzw. fast ungebrochenen Blätter, auf den Markt. Dabei wird zwischen vier Blatttees unterschieden:

- FOP (Flowery Orange Pekoe): drahtiges Blatt mit Spitzen, bei Darjeeling-Tee GFOP (Golden Flowery Orange Pekoe) und TGFOP (Tippy Golden Flowery Orange Pekoe)
- OP (Orange Pekoe): langes Blatt, größer als FOP
- Pekoe (P) und Flowery Pekoe (FP): kurzes, eher grobes und offenes Blatt
- Pekoe Souchong (PS) und Souchong (S): breites, offenes Blatt

Broken-Tee

Es handelt sich hier um Blattgrade, die durch weiteres Rollen und Zerkleinern entstehen. Der Buchstabe B steht jeweils für Broken, ansonsten gelten die Merkmale des Blatttees:

▶ FBOP (Flowery Broken Orange Pekoe): gerolltes Blatt mit vielen Spitzen (Tips), bei Darjeeling auch GFBOP (Golden Flowery Broken Orange Pekoe) und TGFBOP (Tippy Golden Flowery Broken Orange Pekoe)

▶ Broken Orange Pekoe (BOP): gebrochenes Blatt mit wenig Spitzen (Tips)

▶ Broken Pekoe (BP): kann viele Blattrippen enthalten und ist dann dünn im Aufguss

▶ Broken Pekoe Souchong (BPS): meist kugelförmig gerollt, aus Assam oder Darjeeling

Schon nach kurzer Ziehdauer haben Fannings-Tees eine intensive Farbe und ein kräftiges Aroma. Da sie meist von derselben Pflückung stammen wie die Broken-Sorten, sind sie diesen absolut gleichwertig.

Fannings-Grade

Fannings sind die nächstfeineren Sortierungen nach den Broken-Tees, kräftig im Aufguss, von guter Qualität (da sie von derselben Pflückung stammen wie Blatt- und Broken-Tee) und werden vor allem für Aufgussbeutel verwendet.

▶ Fannings (Fngs): feine Aussiebung des maschinell zerkleinerten Blattguts

▶ Orange Fannings (OF): neben dem Dust die feinste Aussiebung der orthodoxen Methode (siehe Seite 26)

▶ Pekoe Fannings (PF): häufigster Blattgrad der CTC-Produktion (siehe Seite 26)

▶ Dust (D) und Pekoe Dust (PD): feinste Aussiebung sowohl der CTC-Produktion als auch der klassischen Methode

Kräuter- und Früchteaufguss

Altbewährte Tees sind wieder in Mode. Exotische Sorten wie z. B. Rotbuschtee kommen hinzu. Die Wellnesskultur hat die Kräutertees für sich entdeckt, ist experimentierfreudig und entwickelt auch die Phantasie, die man im Umgang mit alkoholischen Getränken schon lange hat. Von Matetee abgesehen sind all diese Aufgussgetränke koffeinfrei.

Kleines Kräuter- und Früchte-Abc

Seit Jahrhunderten unübertroffen: Das Wissen um die Heilkraft der Kräuter beruhte früher nur auf Beobachtung und Erfahrung; inzwischen liefert die Wissenschaft objektive Fakten und belegt, was die Volksmedizin seit langem weiß.

Die gebräuchlichsten der im Handel erhältlichen Haus- bzw. Heiltees sind:

- **Anis:** wird in Osteuropa, Spanien, Ägypten und Asien angebaut. Verwendet werden die Früchte. Der Aufguss schmeckt süßlich, wirkt entblähend, fördert die Blutzirkulation und ist oft Bestandteil von Kindertees.
- **Apfel:** wächst überall in Europa. Verwendet werden die Früchte bzw. Fruchtschalen, vor allem aus Wildsammlungen, sowie saure Äpfel aus Plantagen. Wirkt nervenberuhigend und schlaffördernd.
- **Baldrian:** wächst in Europa auf feuchten Wiesen und an Wassergräben. Verwendet wird die getrocknete Wurzel. Schmeckt leicht bitter, herb; wirkt schlaffördernd und zudem nervenberuhigend.
- **Brennnessel:** wächst in Mitteleuropa an Wegrändern und an Mauern. Verwendet werden die Wurzel, Stängel und Blätter. Der Aufguss schmeckt leicht süßlich; wirkt blutreinigend, harntreibend und schützt wegen seines hohen Eisengehalts vor Blutarmut.
- **Fenchel:** wird in Osteuropa, China und Ägypten angebaut. Der Aufguss aus den Früchten schmeckt süßlich, hilft bei Blähungen und beruhigt den Magen.
- **Hagebutte:** stammt aus Wildsammlungen in Chile, Osteuropa oder China. Verwendet werden die Fruchtschalen einer speziellen Rosenart (Hundsrose). Der Aufguss schmeckt fruchtig und mild säuerlich. Enthält viel Vitamin C und steigert daher die körpereigenen Abwehrkräfte.
- **Hibiskus:** wird im Sudan, in China und Thailand angebaut. Der Aufguss aus den roten, fleischigen Blütenkelchblättern schmeckt fruchtig-säuerlich und erfrischend und wird meist mit Hagebutte gemischt. Wirkt entkrampfend auf Magen und Darm.

▶ **Kamille:** stammt aus Anbau in Argentinien, Ägypten, Osteuropa und Deutschland. Verwendet werden die Blüten. Der Aufguss schmeckt blumig und leicht bitter; er wirkt entzündungshemmend, krampflösend, antibakteriell und wird auch äußerlich als Badezusatz oder Tinktur angewendet.

▶ **Mate:** stammt aus Südamerika. Verwendet werden die (gerösteten) Blätter. Er regt aufgrund seines Koffeingehalts mild den Kreislauf an und belebt bei geistiger und körperlicher Erschöpfung.

▶ **Melisse:** wird in Osteuropa, Deutschland und Spanien angebaut. Verwendet werden die Blätter. Der Aufguss schmeckt frisch; wirkt krampflösend, entspannend und zudem nervenberuhigend.

▶ **Lindenblüten:** werden in Frankreich, Osteuropa, China und Italien gesammelt. Verwendet werden die Blüten und das zungenförmige Hochblatt. Der Aufguss schmeckt lieblich; wirkt schweißtreibend und beruhigend.

▶ **Löwenzahn:** wächst auf Wiesen überall in Europa. Verwendet werden die Wurzel und die Blätter. Der Aufguss schmeckt leicht bitter und erfrischend; wirkt blutreinigend und regt den Appetit an.

▶ **Pfefferminze:** wird in Bulgarien, Spanien, Griechenland, Nordafrika, Nordamerika und Deutschland angebaut. Man verwendet die Blätter oder das gesamte Kraut (d.h. auch die zerkleinerten Stängel). Der Aufguss schmeckt kühl und erfrischend; hilft bei Magen-Darm-Beschwerden, Blähungen, Übelkeit und Kopfschmerzen.

▶ **Rotbusch:** stammt von den nadelartigen Blättern des südafrikanischen Rotbuschstrauchs. Der Tee hat eine kräftige Farbe, schmeckt sehr aromatisch; hilft bei Magen-Darm-Beschwerden und wirkt auf sanfte Weise beruhigend.

▶ **Salbei:** wird vor allem in Südeuropa angebaut. Verwendet werden die Blätter. Der Aufguss schmeckt leicht bitter; wirkt entzündungshemmend und antibakteriell.

Suchen Sie nicht erst dann Hilfe bei Heilpflanzen, wenn Sie schon Beschwerden haben, sondern trinken Sie die Tees vor allem zur Vorbeugung. Speziell zu Mahlzeiten empfiehlt es sich, das Glas Wein hin und wieder durch einen wohlschmeckenden Kräutertee, z.B. Fenchel oder Anis, zu ersetzen.

Lagerung und Zubereitung

Tee muss trocken in einem luftdicht verschlossenen Gefäß (aus Blech, dunklem Glas oder Porzellan) aufbewahrt werden. Auch sollte man eher kleine Behältnisse verwenden, den Tee rasch aufbrauchen oder zusätzlich die offenen Teeblätter in einer Tüte verpacken.

Wenn Sie Ihren Tee im Kühlschrank aufbewahren wollen, dann nur in einem luftdicht verschlossenen Glas. Ansonsten würden die Blätter die stärken Gerüche annehmen, und das Aroma wäre verdorben.

Utensilien

Die richtige Zubereitung fängt bei den Utensilien an. Hier sind einige wichtige Punkte zu beachten:

- Verwenden Sie Ihre Kanne (aus Glas, Porzellan oder Ton) möglichst nur für Tee.
- Günstig sind Kannen mit großem Einsatzsieb, in dem die Blätter sich gut entfalten können. Die zweitbeste Variante ist altbewährt: Dabei brüht man die Blätter in einer großen Kanne auf und seiht dann das Getränk mit einem Sieb in eine zweite Kanne ab. Ein Baumwollnetz oder Papierfilter ist akzeptabel. Nicht zu empfehlen ist dagegen das Tee-Ei, weil es die Blätter regelrecht einsperrt.
- Wärmen Sie die Teekanne mit heißem Wasser vor, dann entfaltet sich das Aroma besser. In der Thermoskanne verliert sich das Aroma schnell; auch längeres Warmhalten auf dem Stövchen zerstört den feinen Geschmack.

Unverzeihlich!

»Drei Dinge auf dieser Welt sind höchst bedauernswert: Das Verderben bester Jugend durch falsche Erziehung, das Entwürdigen bester Bilder durch gemeines Begaffen und die Verschwendung besten Tees durch unsachgemäße Behandlung«, so klagte der chinesische Kaiser Hui-tsung (um 1100 v. Chr.).

▶ Wenn Sie süßen wollen, eignet sich am besten weißer Kandiszucker. Brauner Kandis ist mit Karamel eingefärbt und erschlägt das Aroma feiner Tees. Je nach Vorliebe können Sie auch neutrale Honigsorten verwenden.

Entscheidend – das Wasser

Das Teewasser muss immer frisch gekocht sein (nicht aus dem Boiler und nicht aus der Kaffeemaschine). Je weicher und chlorärmer es ist, desto mehr schmeichelt es dem Aroma des Tees, desto besser also das Ergebnis. Ideal, aber natürlich selten zu bekommen ist reines, weiches Gebirgsquellwasser.

Teetrinker mit besonders feinem Gaumen haben auf ihren Reisen nicht nur ihre eigene Teesorte dabei, sondern auch kanisterweise gutes Trinkwasser.

Schwarzer Tee

Kleine Blattgrade sind ergiebiger als große. Zur richtigen Dosierung nimmt man deshalb

▶ Bei Broken-Tee einen gestrichenen Teelöffel pro Tasse

▶ Bei Blatttee einen gehäuften Teelöffel pro Tasse

▶ Soll der Tee kräftig werden, geben Sie zusätzlich einen Teelöffel »für die Kanne« dazu.

Dann wird mit kochendem Wasser aufgebrüht. In den ersten eineinhalb Minuten (Broken-Tee) bzw. zwei Minuten (Blatttee) wird der größte Teil des Koffeins freigesetzt, erst dann werden die Gerbstoffe aus den Blättern gelöst.

▶ Bei einer Ziehdauer von bis zu drei Minuten wirkt schwarzer Tee deshalb stark anregend.

▶ Bei einer Ziehdauer von mehr als fünf Minuten wirken die freigesetzten Gerbstoffe beruhigend auf Magen und Darm.

Grüner Tee

Grüner Tee darf grundsätzlich nicht mit siedendem Wasser aufgegossen werden. Sie sollten deshalb das Wasser kurz kochen, auf 70 bis 80 °C abkühlen lassen und erst dann die Teeblätter damit überbrühen.

- Die klassische Dosierung ist ein gestrichener Teelöffel pro Tasse, und bei mehr als fünf Tassen nimmt man zusätzlich einen Teelöffel für die Kanne.
- Wenn der Tee eher anregen soll, lässt man ihn nur zwei bis drei Minuten ziehen. Nach dem Abseihen können die Blätter für weitere Aufgüsse verwendet werden.
- Für den zweiten bis vierten Aufguss genügt es, den Tee nur noch etwa drei Minuten ziehen zu lassen. Spätestens bei mehrmaligem Aufgießen machen sich auch die Qualitätsunterschiede bemerkbar, und ein Tee, der zunächst etwas teurer war, erweist sich dann als preiswert, weil er auch beim vierten Aufguss noch viel Aroma hat.

Rotbuschtee

Hier verwendet man pro Tasse einen Teelöffel bzw. einen Beutel, gießt mit siedendem Wasser auf und lässt den Tee zwei bis drei Minuten zugedeckt ziehen. Da er kein Koffein enthält, kann man ihn zu jeder Tageszeit trinken.

In China ist es üblich, den Grüntee vor dem Trinken zu »waschen«. Dazu wird der erste Aufguss nach 30 Sekunden weggeschüttet. Mit dem nächsten Aufguss erhält man einen Tee, der lieblicher schmeckt. Auch lässt man in China die Teeblätter die ganze Zeit in der Kanne und trinkt den Tee »vom Blatt«.

Kräuter- und Früchtetees

Sie werden mit siedendem Wasser aufgegossen (ebenfalls ein Teelöffel pro Tasse) und sollten mindestens acht Minuten ziehen (mehrmals umrühren). Für Früchtetee als Kaltgetränk benötigt man etwa die doppelte Menge Kräuter.

Zeremonien um den Tee

In Asien, vor allem in Japan, entwickelte sich ein regelrechter Teekult und eine meist minutiös festgelegte Kunst der Teezubereitung. Es geht dabei nicht in erster Linie um die Zufuhr von Flüssigkeit, sondern um die geistige Übung, das Erfahren von »Harmonie und Reinheit«, das Erlebnis von Achtsamkeit und Stille.

Die chinesische Zeremonie des Ch'a Shu

Das Ch'a Shu ist ein altes chinesisches Handbuch aus der Zeit der Ming-Dynastie (14. bis 17. Jahrhundert). Es gibt folgende Anweisung zur Zubereitung von grünem Tee:

- Das Wasser wird aufgekocht und in die Kanne gegossen, die Teeblätter werden hinzugefügt. Dann wartet man »so lange, wie es dauert, dreimal ein- und auszuatmen, ehe man den Tee in die Tassen gießt«.
- Aus den Tassen wird der Tee nochmals zurückgefüllt in die Kanne, um auf diese Weise das Aroma freizugeben. Jetzt muss man noch einmal »drei Atemzüge warten«, bis der Tee schließlich getrunken wird.
- Das Warten ist Teil des Zeremoniells. Man soll die Zeit nicht mit Gedanken verschwenden, sondern einfach zusehen, wie die Blätter anfangs aufgewirbelt sind und sich dann langsam legen. In dieser Zeit und während des Betrachtens kommt man auch selbst zur Ruhe.

Für den westlichen Menschen ist es eine bemerkenswerte Erfahrung, als Zeitmaß nicht die Uhr zu verwenden, sondern den individuellen Atem. Dabei muss man wissen: Je geübter ein Meditierender oder Teemeister ist, desto weniger Atemzüge braucht er pro Minute.

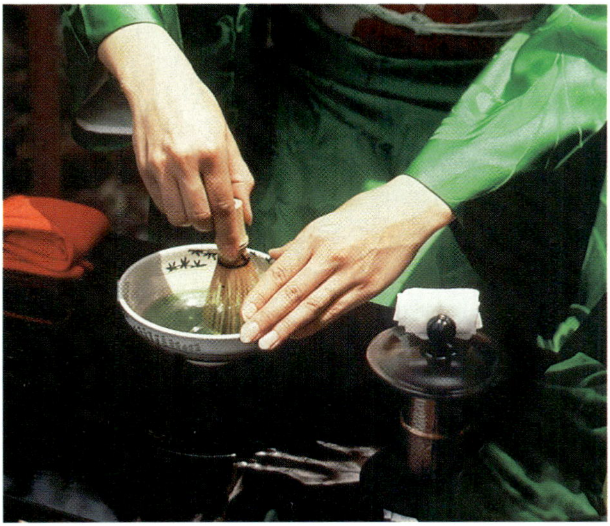

Japanische Teezeremonie (siehe Seite 66): Pulverisierter grüner Tee wird mit einem Pinsel aufgeschlagen.

▶ Bei einiger Übung gelingt es, den »Teezustand« auch in den Alltag mitzunehmen, was zu Gleichmut (nicht zu verwechseln mit Gleichgültigkeit) und dauerhafter Entspannung bei gleichzeitiger Konzentration und Tatkraft verhilft.

Was die strenge Gesetzmäßigkeit und das ästhetische Erleben betrifft, so gleicht die Teezeremonie wohl am ehesten einer musikalischen Fuge von Johann Sebastian Bach.

Die japanische Teezeremonie Cha-No-Yu

Die Zeremonie erfordert einen speziellen Raum, sukiya genannt, die Stätte des Leerseins. Die Raumgröße ist auf viereinhalb Bastmatten (tatamis) festgelegt.

▶ Es nehmen höchstens fünf Personen teil, denn fünf ist größer als die Zahl der Grazien und kleiner als die Zahl der Musen. Die Gäste nehmen auf einer der vier Matten Platz.

▶ Die zweite Matte (dogu-tatami) ist für die Utensilien bestimmt,von denen insgesamt 24 benötigt werden, je nach Jahreszeit in unterschiedlichen Formen.

▶ Die dritte Matte (tuko-mai) liegt vor einer Nische und wird frei gelassen, um den Gästen den Zutritt zu dem dort angebrachten Weihrauchgefäß oder Rollbild zu ermöglichen.

▶ Auf der vierten Matte nimmt der Gastgeber Platz. Die Platzierung der Utensilien und die Bewegungen aller Teilnehmenden richten sich nach genauen rituellen Vorgaben, nichts bleibt dem Zufall überlassen.

▶ Die einfache Zeremonie des »dünnen« Tees dauert eine bis anderthalb Stunden. Das große Teemahl, »koicha« bzw. »dicker« Tee, bei dem auch Speisen gereicht werden, dauert bis zu vier Stunden. Es wird ausschließlich pulverisierter grüner Tee (Matcha) getrunken.

Cha-No-Yu – alles hat seine Zeit

Die Gäste stehen nicht unvermittelt im Zimmer, auch das Eintreten ist Teil der Zeremonie. Idealerweise nähern sie sich durch einen Garten mit Lotosteich oder einem kleinen Wasserlauf, japanischen Kirschbäumen und Nadelbäumen. Der Garten wird höflich und ausführlich bewundert.

▶ Wenn alle Teilnehmenden sich versammelt haben, folgen Begrüßung und Verbeugungen, die in Japan zu den unverzichtbaren Höflichkeitsformen gehören. Der Gastgeber führt den Hauptgast in den Teeraum, die anderen Gäste folgen. Sie ziehen ihrer Schuhe vor dem Teeraum aus – da es in Asien ein Sakrileg ist, einen Raum mit Schuhen zu betreten – und steigen über eine kleine Schwelle durch eine niedrige, mit Reispapier bespannte Tür. Der Hauptgast (und nach ihm die anderen Gäste) verbeugt sich vor der Bildnische und betrachtet andächtig den dort stehenden Blütenzweig, der traditionell in der Kunst des Blumensteckens (Ikebana) – wie die Teezeremonie ebenfalls eine Zen-Kunst – gefertigt ist.

Die Gäste nehmen Platz, der Gastgeber bringt die Utensilien herein, zeigt dem Hauptgast das Weihrauchgefäß. Dieser bewundert das Gefäß und alle weiteren Utensilien, den Teequirl, die Kelle, die Teeschale, die Teedose, den aus Bambus hergestellten Pinsel, das schmale, weiße Leinentuch. Der Gastgeber erzählt von deren Herkunft und wie lange sie sich bereits im Familienbesitz befinden.

▶ Zu Beginn der Zeremonie wird Reiswein (sake) serviert, neben Tee ebenfalls ein japanisches Nationalgetränk. Der Hauptgast nimmt von den angebotenen Speisen und reicht sie an die anderen Gäste weiter.

▶ Ist dieser Teil der Zeremonie beendet, folgt eine Pause für leise Unterhaltung (z. B. über die schönen Künste). Beim Teetrinken bittet jeder Gast den nachfolgenden um Entschuldigung, dass er vor ihm trinkt. Die Teeschale ist in der Regel schön verziert und muss so gehalten werden, dass der links daneben sitzende Gast die Zeichnung bewundern kann. Man nimmt ein kleines süßes Gebäck in den Mund, lässt es auf der Zunge zergehen und trinkt dann drei Schlucke, lobt den Tee, reinigt den Tassenrand abschließend mit weißem Papier und gibt die Schale zurück.

Bei der Cha-No-Yu-Zeremonie werden drei Kochgrade des Wassers unterschieden:

- **Grad 1, wenn sich auf der Wasseroberfläche kleine Bläschen zeigen (jetzt wird eine kleine Prise Salz ins Wasser gegeben).**
- **Grad 2, wenn die Blasen größer werden und das Wasser perlt (jetzt kommt der geschlagene grüne Tee hinein).**
- **Grad 3, wenn das Wasser sprudelt (jetzt wird ein Teelöffel kaltes Wasser hinzugefügt).**

Weisheiten rund um den Tee

Tee ist traditionell ein harmonisierendes Getränk, weil er alle Elemente, wie sie auch in der chinesischen Heilkunde bekannt sind, in sich vereint: Erde, Wasser, Feuer, Luft, Metall, Holz. Und seit der Mensch Tee trinkt, fühlt er sich durch dieses Getränk beflügelt.

- Lu Yu (ca. 780): »Die erste Tasse netzt mir Lippen und Kehle. Die zweite verscheucht meine Einsamkeit, die dritte durchdringt mein unfruchtbares Inneres, um dort nichts weiter als einige fünftausend Bände wunderlicher Ideogramme zu finden. Die vierte Tasse erregt einen leichten Schweiß – alles Schlechte des Lebens schwindet durch meine Poren dahin. Bei der fünften Tasse bin ich geläutert; die sechste Tasse ruft mich ins Reich des Unvergänglichen. Die siebente Tasse – ah, aber ich kann nicht weitertrinken. Ich fühle nur noch den kühlen Windhauch, der sich in meinen Ärmeln fängt. Der Horaisan (d. h. das Elysium), wo liegt er? Lasst mich mit diesem lieblichen Windhauch segeln.«
- T'ien Yi-heng, der chinesische Verfasser des Werks »Das Kochen von Quellwasser« drückte das aus, was wohl alle Teetrinker der Welt ebenso empfinden: »Man trinkt Tee, damit man den Lärm der Welt vergisst.«
- Tjin Tschun (12. Jahrhundert): »Sind an einem Ort die edlen Leute froh beim Tee, stößt ihres Festsaals Dach am Himmel an.«
- Gu Tsai (17. Jahrhundert): »Talent des Mannes und Klugheit der Frau / haben

Der Phantasie freien Lauf

Lu-Yu (740–804), der Verfasser des ersten Teebuchs, hat auch die verschieden geformten Teeblätter phantasievoll beschrieben. »Manche sehen faltig aus wie die Stiefel tatarischer Reiter, andere gekräuselt wie ziehende Wolken über den Bergen, noch andere wie das vom Windhauch aufgerührte Wasser, oder wie frisch gepflügtes Land, auf das eben ein heftiger Regen niedergegangen.«

sich hier beim Tee gefunden. / Schöner noch ist dies als der Lüfte / und der Wogen Begegnung.«

- Tempelinschrift in Kyoto: »Tee und Zen gehören zusammen. Eine Teestunde ohne Zen ist wie ein Tag ohne Sonne. In Tee und Zen vereint sich das Lebensgesetz. Ruhe wird zur Stille ohne Langeweile, Weisheit zur Größe ohne Dünkel. Tee und Zen sind die Feinde von Schwäche und Schlaf.«
- Der Spötter Heinrich Heine (19. Jahrhundert): »Sie saßen und tranken am Theetisch / und sprachen von Liebe viel; / die Herren, die waren ästhetisch, / die Damen von zartem Gefühl. / ›Die Liebe muss sein platonisch‹, / der dürre Hofrat sprach. / Die Hofrätin lächelt ironisch, / und dennoch seufzet sie: ›Ach‹.«
- William E. Gladstone (19. Jahrhundert): »Wenn dir kalt ist, wird Tee dich erwärmen / wenn du erhitzt bist, wird er dich abkühlen / wenn du bedrückt bist, wird er dich aufheitern / wenn du erregt bist, wird er dich beruhigen.«
- Paul Brunton (20. Jahrhundert): »In meiner Ungestörtheit auf den Höhen des Himalaya erfahre ich den höchsten Genuss des Teetrinkens. Wenn ich in der späten Dämmerung zurückkehre, durchdringt mich die behagliche, gemütliche Wärme des Tees, während die Schatten der Nacht über mein Bergnest schleichen. Wie oft bedurfte es nur einer kleinen Tasse Tee, um mich mit Menschen bekannt zu machen und eine Freundschaft fürs Leben aufzubauen.«

Wo Teekennern das Herz aufgeht: Hochlandplantage in Sri Lanka.

PISTACHIO NUTS
CHINESE PINE KERNEL'S
CRYSTALLIZED GINGER
PECAN NUTS

Gesund mit Tee

Alle Pflanzen bilden in ihren Randschichten Stoffe zum Schutz vor Strahlen, Giften und aggressiven Umwelteinflüssen. Diese Substanzen kommen auch dem Menschen zugute und wirken in unserem Organismus zellschützend. Die gesundheitsfördernde Wirkung vor allem von grünem Tee ist inzwischen vielfach wissenschaftlich belegt. Darüber hinaus werden die heilkräftigen Wirkungen von exotischen Teesorten aus China oder Südafrika zunehmend erforscht und bei Erkrankungen des Immunsystems erfolgreich angewendet.

Grüner Tee

Grüner, d.h. unfermentierter Tee ist ein Heil- und Genussmittel mit langer Tradition. Seine Inhaltsstoffe wirken tonisierend auf Gefäße, Herz und Kreislauf, auf die Verdauung, das Immunsystem und auch auf die Psyche. Verwöhnte (oder muss man sagen: strapazierte?) Gaumen empfinden den Geschmack von grünem Tee zunächst als dünn oder gar langweilig. Wer jedoch den feinen Nuancen nachspürt, wird bald das herbe Aroma des Grüntees zu schätzen wissen.

Ein japanischer Zen-Meister lobte die Vorzüge des Grüntees mit folgenden Worten: »Im Geschmack einer einzigen Tasse Tee wird man die Wahrheit aller zehntausend Formen des Universums entdecken. Es fällt schwer, diesen Geschmack in Worten auszudrücken oder auch nur eine Andeutung davon zu geben.«

Verringertes Krankheitsrisiko

Durch regelmäßiges Trinken von grünem Tee lässt sich das Risiko, an Krebs, Bluthochdruck, Arteriosklerose oder Angina pectoris zu erkranken bzw. einen Herzinfarkt oder Schlaganfall zu erleiden, deutlich senken. Verdauung und Immunsystem werden stabilisiert. Grüner Tee hat außerdem eine mild antibiotische Wirkung. Bei äußerlicher Anwendung schützen seine Inhaltsstoffe die Haut vor übermäßiger Sonneneinstrahlung und Umweltgiften.

Schutz vor freien Radikalen

Strahlenbelastung, Zigarettenrauchen, Ozon, Umweltgifte und andere störende Einflüsse greifen in unseren Zellstoffwechsel ein. Dabei entstehen so genannte freie Radikale, die zum vorzeitigen Altern und Absterben von Zellen führen bzw. Übertragungsfehler bei der Zellteilung (eine Entartung der Zelle, also Krebs) herbeiführen können. Auch Pflanzen sind ständig schädlichen oxidativen Einflüssen ausgesetzt. Sie schützen sich vor Verderbnis, indem sie eine Vielzahl von Antioxidanzien – vor allem in den Randschichten – anreichern. Teeblätter enthalten diese schützenden Stoffe in besonders hoher Konzentration und in günstiger Kombination. Und weil grüner Tee nicht chemisch verändert ist, kommen diese Antioxidanzien dem Menschen in vollem Umfang zugute. Besonders wichtige Schutzfunktion haben Bioflavonoide und Epigallocatechingallat (EGCG); sie wirken auch in unserem Organismus als Radikalefänger, schützen die Zellen und helfen, Krankheiten vorzubeugen.

Im Westen ein Geheimtipp

Gleichwohl Chinesen und Japaner seit Jahrhunderten auf die heilenden Wirkstoffe und die Vorzüge des grünen Tees schwören, gilt er in den westlichen Ländern noch immer als Geheimtipp unter Kennern.

Grüner Tee enthält mehr Koffein als Schwarztee, doch entfaltet dieses Koffein, da es an Gerbstoffe gebunden ist, seine Wirkung wesentlich langsamer und schonender. Nervosität und Schweißausbrüche, wie sie eventuell nach dem Genuss von Schwarztee oder Kaffee auftreten, kommen bei grünem Tee nicht vor. Stattdessen fühlt man sich dauerhaft entspannt und zugleich angeregt. Das wissen vor allem Menschen, die lange Zeit konzentriert arbeiten müssen, sehr zu schätzen.

Die einzelnen Grünteesorten weisen unterschiedliche Grade an Koffein auf. Assam Green oder Gunpowder haben einen hohen Koffeingehalt, während der in Japan so beliebte Bancha nur wenig dieses anregenden Stoffs enthält.

Stoffwechsel, Zellschutz, Schutz der Gefäße

In den asiatischen Ländern ist das wissenschaftliche Interesse am grünen Tee besonders groß.

- In Japan gab man 1300 Männern täglich vier Tassen grünen Tee zu trinken. Die Studie zeigte, dass grüner Tee den Anteil an »schlechtem« LDL-Cholesterin im Blut senkte, während das »gute« HDL-Cholesterin deutlich anstieg.
- Der im grünen Tee enthaltene Wirkstoff Epigallocatechingallat (EGCG) kann die Entstehung von Lungenkrebs hemmen. Darüber hinaus besitzt EGCG ähnliche blutgerinnungshemmende Eigenschaften wie Aspirin, d.h., es verhindert, dass die Blutplättchen verklumpen und eine Arterie verschließen (Infarkt).

Inhaltsstoffe und Wirkung von grünem Tee

Substanz	Wirkung
Flavonoide	Antioxidation, Zellschutz, Schutz vor Krebs, Gefäßschutz, Stabilisierung des Immunsystems, Reduktion des LDL-Cholesterins, antithrombotisch (d.h., sie hemmen die Bildung von Blutgerinnseln)
Koffein	Milde Belebung und Erfrischung
Gerbstoffe	Beruhigen und kräftigen die Magen- und Darmschleimhaut, bekämpfen schädliche Bakterien, binden Koffein, verzögern und verlängern dessen Wirkung
Theophyllin und Theobromin	Gefäßerweiternd, erweitern die Bronchien, entspannen die glatte Muskulatur der Atmungsorgane, vorbeugend gegen akuten Asthmaanfall, harntreibend
Fluor	Vorbeugend gegen Karies
Mangan	Antioxidation, Stoffwechselanregung, Aufbau von Bindegewebe, Knorpel und Knochen
B-Vitamine	Stärkung der Nervenzellen und der Muskeln, Stoffwechselsteigerung (vor allem Gehirn und Nerven), Regeneration von Haut und Schleimhäuten, beschleunigte Entgiftung
Vitamin C	Antioxidation, Zellschutz, Schutz vor Krebs, Gefäßschutz, stabilisiert das Immunsystem
Epigallocatechingallat (EGCG)	Antithrombotisch, Schutz vor (Lungen-)Krebs, antiviral
Saponine	Binden Cholesterin, hemmen das Wachstum schädlicher Pilze
Ätherische Öle	Geruch- und Geschmacksträger, ausgleichend auf das Nervensystem

Grüner Tee im Überblick

Name	Herkunft	Geschmack	Besonderheiten
Bancha	Japan, Taiwan, China	frisch-herb	wenig Koffein
Chun Mee	Taiwan, China	frisch-herb	keine
Grüner Assam	Assam (Indien)	fein-herb	für hartes Wasser geeignet
Grüner Darjeeling	Darjeeling	fruchtig-frisch	exklusiv
Gunpowder	Taiwan, China	klar-herb	sehr bitter, viel Koffein
Gyokuro	Japan	kräftig, leicht süßlich	viel Koffein
Jasmintee	Südchina	lieblich	gut bekömmlich
Ju Hua Cha	Südchina	fein, außergewöhnlich	besonders magenfreundlich
Lu Shan Wu	Kwangsi (Südchina)	frisch	leicht bekömmlich
Matcha	Japan	fein-herb	pulverisiert, viel Koffein
Oolong	Taiwan, China	malzig	wenig Koffein
Sencha	Japan, Taiwan, China	duftig, frisch	leicht bekömmlich
Weißer Tee	Fujian (Südchina)	würzig, bitter	silbrige Blätter

Pu-erh-Tee

Dieser Tee ist ein naher Verwandter des grünen Tees und wird auf spezielle Art und Weise nachfermentiert. Die Pu-erh-Teebäume (mit dem botanischen Namen Camellia sinensis var. assamica) wachsen in der südchinesischen Provinz Yunnan. Die kraftvollen Bäume können sehr alt werden; in ihrer Heimat werden sie dayeh genannt.

In China ranken sich rund um den Pu-erh-Tee vielerlei Legenden, was nicht weiter verwunderlich ist, wenn man seinen »Eigensinn« betrachtet: Bisher hat sich dieser Teestrauch jedem Versuch widersetzt, ihn woanders als in der südchinesischen Provinz Yunnan anzubauen. Wird er verpflanzt, so verändert der Strauch sein Erscheinungsbild und verkümmert zu einer »normalen« Teepflanze.

Das Besondere von Pu-erh-Tee

Die Blätter des dayeh-Baums werden gepresst (nicht gebrochen wie beim Schwarztee), wodurch die Fermentation wesentlich länger dauert. Sie wird nicht von den in den Teeblättern enthaltenen Enzymen gesteuert, sondern durch spezielle Bakterienstämme. Man kann diese Art der Fermentation mit der Milchsäuregärung von Sauerkraut vergleichen. Die chemische Umformung gibt dem Tee seine tiefrote, kastanienähnliche Farbe (er heißt deshalb auch »roter Tee«). Die Fermentation kann mehrere Jahre dauern, denn der Tee reift wie ein guter Wein.

Inhalt und Wirkung

Pu-erh-Tee ist dem grünen Tee in vielerlei Hinsicht vergleichbar. Er hat einen mäßigen Koffeingehalt, enthält Gerbsäuren, Saponione und große Mengen an Fluor, und ist vor allem reich an dem Spurenelement Mangan, das der

Den Körper reinigen

Pu-erh-Tee wurde schon im alten China zur »Reinigung von innen« verwendet. Die traditionelle chinesische Medizin schätzt ihn besonders, da er den Energiefluss harmonisiert und die Pole von Yin und Yang wieder in ein »gesundes« Verhältnis bringt.

menschliche Körper u.a. für den Eiweiß- und Fettstoffwechsel benötigt. Außerdem fördert Mangan die Kalziumeinlagerung in den Knochen, womit man Osteoporose vorbeugen kann. Besondere Wertschätzung genießt der Pu-erh-Tee wegen dreier spezifischer Eigenschaften:

- Er senkt den Fett- und Harnsäurespiegel im Blut.
- Er hilft, das Körpergewicht zu reduzieren.
- Er fördert den Abbau von Alkohol in der Leber.

Die Lebenszeit des Rotbuschstrauchs ist im Vergleich zu der anderer Teesträucher sehr begrenzt. Etwa eineinhalb Jahre nach seiner Pflanzung kann der Strauch zum ersten Mal abgeerntet werden, nach zehn Jahren verfärbt er sich feuerrot und stirbt.

Rotbuschtee

Rotbusch (auch Massai oder Rooibos genannt) ist ein ginsterähnlicher Strauch (botanischer Name »Asphalatus linearis«) mit dünnen Zweigen und nadelförmigen Blättern, der in den Cedarbergen Südafrikas wächst. Zur Ernte schneidet man den ganzen Strauch etwa 30 Zentimeter über dem Boden ab, zerkleinert die Zweige und Blätter und setzt (ähnlich wie bei der Schwarzteeherstellung) durch Rollen und Befeuchten einen Fermentationsprozess in Gang. Durch diesen Fermentationsvorgang entstehen die typische rote Farbe und das süßliche Aroma des Tees. Nach der maximal 24-stündigen Fermentation wird Rooibos gleichmäßig dünn ausgebreitet und unter freiem Himmel von der heißen Sonne Südafrikas getrocknet. Der Tee hat eine intensiv rote Farbe und ein unverwechselbares, volles und süßliches Aroma.

Leicht bekömmlich

Rotbuschtee enthält kein Koffein und ist daher ein sehr bekömmliches, vor allem für Kinder geeignetes Alltagsgetränk. Durch seinen Gehalt an Flavonoiden, Kalzium, Fluor, Mangan und Eisen sowie durch spezielle, nur im Rotbuschtee enthaltene Wirkstoffe ist er der Gesundheit besonders zuträglich.

Ein »junges« Getränk

Die europäische Geschichte dieses Tees begann vor rund 100 Jahren, als ein russischer Kaufmann in Südafrika Ureinwohner (die besonders vital und jung aussahen) dabei beobachtete, wie sie aus den nadelartigen Blättern des Teestrauchs einen Aufguss zubereiteten. Ihm war sofort klar, dass er eine besondere Entdeckung gemacht hatte, und er brachte den Tee auf den Markt.

Störungen des Immunsystems in Form von Allergien (Überreaktion auf bestimmte Stoffe) oder Autoimmunerkrankungen (z.B. rheumatische Erkrankungen oder Diabetes Typ I) nehmen in der westlichen Welt stark zu. Oftmals reagieren schon Säuglinge allergisch auf bestimmte Nahrungsmittel. Eine Rotbuschteekur kann unter Umständen Abhilfe schaffen oder die Beschwerden zumindest lindern.

Erfahrung und Beobachtung

In Japan und in seinem Heimatland Südafrika begann Ende der 1960er Jahre die wissenschaftliche Erforschung des Tees, nachdem seine antiallergische Wirkung bei Kindern in weiten Kreisen von sich Reden gemacht hatte. Eine lindernde Wirkung hat er u.a. bei Bauchkrämpfen, sämtlichen Formen von Allergien, Akne, Ekzem und Windeldermatitis. Darüber hinaus kann man Eisenmangel, Osteoporose, Sodbrennen, Bluthochdruck und Schlafstörungen mit Rotbuschtee wirksam vorbeugen.

Die Inhaltsstoffe

Rotbuschtee ist frei von Koffein und anderen Reizstoffen, das macht ihn so bekömmlich. Gesund ist er dank besonderer Inhaltsstoffe, darunter als wichtigste:

- Aspalathin und Nothofagin, die ebenfalls zu den Flavonoiden zählen und von denen eine krampflösende und allergiehemmende Wirkung bekannt ist. Sie sind chemisch dem Enzym Superoxiddismutase (SOD) ähnlich, einem wichtigen Antioxidans, das vor arteriosklerotischen Gefäßveränderungen schützt.
- Eisen, das hier im Unterschied zu anderen Teesorten nicht an Tannine gebunden und deshalb für den Körper besonders gut verwertbar ist. Auch Vitamin C, das die Eisenaufnahme

fördert, wird gleich mitgeliefert. Damit wird das Immunsystem stabilisiert, außerdem kann man Blutarmut mit Hilfe von Rotbuschtee vorbeugen.

- Flavonoide, die im menschlichen Organismus die schädlichen freien Stoffwechselradikale binden und als zellschützende Antioxidanzien wirken. Besondere Bedeutung haben die Flavonoide Querzetin und Querzitrin, da sie im Gehirn die Aktivität des »Glückshormons« Serotonin fördern.
- Die Mineralstoffe Kalzium und Fluor, die für den gesunden Erhalt von Knochen und Zähnen besonders wichtig sind. Rotbuschtee enthält ähnlich wie der chinesische Puerh-Tee das Spurenelement Mangan, das eng mit Kalzium zusammenarbeitet und zum Aufbau von Knochen und Zähnen sowie zur Stabilisierung des Bindegewebes dient.
- Phenolsäuren, die Bakterien, Pilze und Viren bekämpfen, die Darmschleimhaut widerstandsfähiger machen und deshalb auch bei Darminfektion und Durchfall helfen.
- Rutin, das die Elastizität und Durchlässigkeit (Permeabilität) der kleinen Blutgefäße verbessert und deshalb oft als Vitamin P bezeichnet wird.

Sie können Ihrer Gesundheit etwas Gutes tun, wenn Sie ein- bis zweimal jährlich eine vierwöchige Rotbuschteekur durchführen. Dazu brauchen Sie nur sämtliche alkoholischen Getränke sowie schwarzen Tee oder Kaffee durch den Tee ersetzen. Die Kur entgiftet die Leber und wirkt tonisierend auf das Allgemeinbefinden.

Koffeinfrei und gesund: Rotbuschtee ist der Renner bei gesundheitsbewussten Genießern.

Teerezepte – einfach raffiniert

Der »echte« Teekenner genießt den Tee pur. Doch haben Sie schon mal ausprobiert, wie delikat Teemixgetränke schmecken können? Ob heiße Drinks für kalte Tage oder Kühlendes bei Hitze: Unsere Rezepte sind so vielseitig, dass sicher auch für Ihren Geschmack einiges dabei ist. Außerdem lassen sich auch hervorragende Gerichte mit Tee zubereiten. Oder Sie verwenden diese Rezepte als Anregung und fangen selbst an, mit Tee zu experimentieren. Ihrer Phantasie sind dabei keine Grenzen gesetzt.

Heißer Genuss

Ein Tröpfchen in Ehren, aber es muss ja nicht immer Alkohol sein, wenn man sich im Winter gründlich durchwärmen will. Wir haben für Sie alkoholfreie Rezepte und Mixgetränke mit wenig Alkohol zusammengestellt.

Grundsätzlich gilt für alle Rezepte: Wer empfindlich auf Koffein reagiert, sollte den Schwarztee gegen Rotbuschtee austauschen. Wer an Schlaflosigkeit leidet, sollte ab dem Nachmittag keinen Schwarztee oder grünen Tee mehr trinken.

Heiße Vitaminbombe (alkoholfrei)

Zutaten für 1 Portion

1 1/2 TL aromatisierter Schwarztee (Tropenfeuer) • 1 EL Zitronensaft
1 EL Sanddornsaft • 1 EL Honig

Zubereitung

1 Die Teeblätter mit 150 Milliliter kochendem Wasser aufgießen, 5 Minuten ziehen lassen, dann abseihen.
2 Zitronen- und Sanddornsaft in ein Glas geben, den heißen Tee zugießen und alles mit Honig süßen.

Hot Piña Colada

Zutaten für 4 Portionen

4 Aufgussbeutel Earl-Grey-Tee • 5 EL Kokosnusscreme • 100 ml Ananassaft • 2 EL Rohzucker • 4 EL weißer Rum • 1 Babyananas

Zubereitung

1 Die Aufgussbeutel mit 1/2 Liter kochendem Wasser übergießen, den Tee 5 Minuten ziehen lassen.
2 Kokosnusscreme, Ananassaft und Rohzucker in einem kleinen Topf leicht erwärmen.
3 Den heißen Tee mit der Kokossaftmischung gut verrühren, auf vier Cocktailgläser verteilen und mit je 1 Esslöffel Rum abrunden.
4 Mit Ananasstücken servieren.

Apfelpunsch

Zutaten für 4 Portionen

1 säuerlicher Apfel • 1/4 l Apfelwein • 3 Aufgussbeutel Earl-Grey-Tee je 1 Prise Zimt- und Nelkenpulver • 4 TL Zucker

Zubereitung

1 Den Apfel schälen, vierteln, Kerngehäuse entfernen und die Viertel würfeln.

2 Apfelwürfel und Apfelwein zusammen mit 1/2 Liter Wasser aufkochen, die Aufgussbeutel Earl-Grey-Tee darin 5 Minuten ziehen lassen, dann entfernen und die Weinteemischung mit Zimt, Nelkenpulver und Zucker würzen.

Zimt wirkt antibakteriell und belebend (auch auf die Darmmuskulatur). Schwangere Frauen sollten sich deshalb bei Zimt sehr zurückhalten.

Kardamom, Zimt und Anis: Der Gewürzpunsch (siehe Seite 85) besticht allein schon durch seinen Geruch.

Friesenpunsch

Zutaten für 4 Portionen

4 TL Ostfriesische Mischung • 75 g weißer Kandiszucker • 75 ml roter Johannisbeernektar • 75 ml Rotwein • 2 Zimtstangen • 1 Karambole (Sternfrucht)

Zubereitung

1. Die Teeblätter mit 1/2 Liter kochendem Wasser aufgießen, 5 Minuten ziehen lassen, dann abseihen.
2. Kandiszucker mit Johannisbeernektar, Rotwein und Zimtstangen erwärmen.
3. Den heißen Tee in die Saft-Wein-Mischung geben, die Zimtstangen entfernen.
4. Den Punsch in Gläser füllen und mit Karambolescheiben garnieren.

Saft von Roten Johannisbeeren enthält viel Vitamin C und ist ein bewährtes Mittel bei Erkältungen und grippalen Infekten. Wegen seines hohen Säuregehalts ist er jedoch erst zum Verzehr geeignet, wenn die akuten Halsschmerzen abgeklungen sind.

Vanillepunsch

Zutaten für ca. 20 Portionen

6 TL Assam-Tee • 1 Stange Vanille • Saft von 1 Orange • 200 g Zucker 1 Flasche halbtrockenen Weißwein • 1/4 l Madeira

Zubereitung

1. Die Teeblätter mit 1/2 Liter kochendem Wasser überbrühen, die Vanillestange aufschneiden und beides 5 Minuten ziehen lassen.
2. Die Orange auspressen und den Saft hinzugegeben.
3. Zucker in die Tee-Saft-Mischung rühren.
4. Weißwein und Madeira hinzufügen, erhitzen und heiß servieren.

TIPP: Punsch können Sie in größeren Mengen auch vorab zubereiten und dann nach Belieben wieder erwärmen. Er hält sich 2 bis 3 Tage.

Gewürzpunsch (alkoholfrei)

Zutaten für 4 Portionen

1 Stück frischer Ingwer (3 cm) • 1 TL Kardamomkapseln • 1 TL Nelken
2 kleine Zimtstangen • 1 EL Sternanis • 1 Aufgussbeutel English-Breakfast-Tee • 4 TL brauner Kandiszucker • 4 lange Zimtstangen

Zubereitung

1 Ingwer schälen und klein schneiden, zusammen mit Kardamom, Nelken, kleinen Zimtstangen und Sternanis in 900 Milliliter Wasser 5 Minuten leicht kochen lassen.

2 Den Gewürzaufguss abseihen, erneut aufkochen, den Teebeutel damit aufgießen und 5 Minuten ziehen lassen.

3 Kandiszucker in die Teegläser geben, das fertige Getränk einfüllen und mit den langen Zimtstangen garnieren.

Als Dekoration können Sie nach der Zubereitung des Gewürzpunsches je eine Wunderkerze in die Zimtstangen stecken und beim Servieren abbrennen.

Tee mit Schuss: Der Friesenpunsch bekommt durch Rotwein und Johannisbeernektar seine fruchtige Note.

Feurige Früchtebowle

Zutaten für 15 Gläser

8 EL Früchtetee • 3 Orangen • 2 rosa Grapefruits • 10 Gewürznelken 5–7 Kardamomsamen • 1 kleiner Zuckerhut (250 g) • 250 ml Rum (54 Vol.-%)

Zubereitung

Die exotischen Gewürze regen den Appetit an, und die Bowle enthält auch Alkohol. Wer also Kalorien sparen will, sollte sie nur zu besonderen Gelegenheiten genießen.

1. Früchtetee mit 1 1/2 Liter kochendem Wasser aufgießen, ca. 8 Minuten ziehen lassen, dann abseihen.
2. 2 Orangen und 1 Grapefruit auspressen, die beiden restlichen Früchte gründlich mit heißem Wasser waschen, trockentupfen und in dünne Scheiben schneiden.
3. Den heißen Früchtetee mit Saft, Fruchtstücken und Gewürzen in einem feuerfesten Gefäß mischen und auf ein brennendes Rechaud stellen.
4. Den Zuckerhut auf einer Feuerzange über das Gefäß legen, mit etwas Rum tränken und anzünden.
5. Mit einer Kelle den Rest des Rums nach und nach über den Zuckerhut gießen.
6. Wenn der Zuckerhut abgebrannt ist, Bowle umrühren und heiß servieren.

Whist

Zutaten für 16 Portionen

50 g Englische Mischung • 12 Zitronen • 1 kg Zucker • 2 Flaschen Bordeauxwein

Zubereitung

1. Die Teeblätter mit 1/2 Liter kochendem Wasser überbrühen und je nach gewünschtem Anregungsgrad 4 oder 5 Minuten ziehen lassen, dann abseihen. Je länger der Tee zieht, desto bitterer wird der Geschmack.

2 Den Saft der Zitronen mit dem Zucker verrühren, Tee zugießen und alles erhitzen.
3 Rotwein zugießen und die Mischung kurz aufkochen lassen. Heiß in Punschgläsern servieren.

Gin-Tee-Punsch

Zutaten für 8 Portionen

12 TL Englische Mischung • 1 EL Zitronen- oder Orangensirup
2 cl Gin • 2 Spritzer Orangenbitter • 1 kleine Dose Ananas in Stücken
3 Orangen

Zubereitung

1 Teeblätter mit 1 Liter kochendem Wasser aufbrühen und nach 5 Minuten abseihen.
2 Den Tee in Gläser füllen. Sirup, Gin, Orangenbitter sowie die Ananas- und Orangenstücke hinzufügen und heiß servieren. Etwas säuerlicher schmeckt das Ganze, wenn Sie frische Ananasstücke verwenden.

Als Variante können Sie bei allen Teerezepten die Teemenge verdoppeln und die Menge an Spirituosen halbieren.

Kirschzauber

Zutaten für 1 Portion

1 1/2 TL Assam-Tee • 2 gehäufte EL eingemachte Sauerkirschen
2 EL Sauerkirschsaft • 1 EL Wodka • 1 TL Zucker

Zubereitung

1 Die Teeblätter mit 150 Milliliter kochendem Wasser überbrühen, je nach gewünschter Stärke etwa 4 bis 5 Minuten ziehen lassen, dann abseihen.
2 Sauerkirschen mit Saft in einem kleinen Topf erwärmen, in ein Teeglas füllen.
3 Mit einem Schuss Wodka und dem heißen Tee auffüllen, mit Zucker süßen.

Coole Drinks mit Tee

Tee gilt auch unter Jugendlichen als »cool«. Mit diesen Rezepten zaubern Sie nicht nur zu Hause einen schnellen Genuss, sondern kommen auch auf jeder Sommerparty gut an.

Die Banane hat den poetischen botanischen Namen »Musa paradisiaca«. Hauptanbaugebiete sind die lateinamerikanischen Länder, die Antillen und die Kanarischen Inseln.

Banateo

Zutaten für 4 Portionen

3 Aufgussbeutel Earl-Grey-Tee • 160 ml grüner Bananenlikör
250 ml Mineralwasser • 1/2 Banane • 1 Limette

Zubereitung

1. Die Aufgussbeutel mit 400 Milliliter kochendem Wasser übergießen, 5 Minuten ziehen lassen und abkühlen lassen.
2. Bananenlikör in Gläser geben, Tee mit Mineralwasser mischen und langsam über einen Löffel in die Gläser gießen.
3. Banane und ungeschälte Limette in Scheiben schneiden und an den Glasrand stecken.

Tee mit Bananenlikör: Der Banateo überrascht mit einem exotischen Geschmack.

Apfelflip (alkoholfrei)

Zutaten für 2 Portionen

2 TL English-Breakfast-Tee • 1/2 Apfel • Saft von 1/2 Zitrone 250 ml Apfelsaft, zu Eiswürfeln gefroren

Zubereitung

1 Teeblätter mit 200 Milliliter kochendem Wasser aufgießen, 5 Minuten ziehen lassen, abseihen und den Tee abkühlen lassen.

2 Den Apfel waschen, 2 runde Scheiben abschneiden und mit dem Zitronensaft beträufeln. Das Kerngehäuse entfernen, den Apfel in feine Spalten schneiden (oder raspeln) und mit Zitronensaft beträufeln.

3 Die Apfelspalten oder -raspel in Longdrinkgläser geben, mit den tiefgekühlten Apfelsaftwürfeln und dem kalten Tee auffüllen.

4 Zum Garnieren die runde Apfelscheibe an den Rand des Glases stecken.

Statt Apfel können Sie auch exotische Früchte und Säfte verwenden. Gefrorene Saftwürfel sind übrigens wunderbare Erfrischungsbonbons für zwischendurch.

Sweet Berry-Fizz

Zutaten für 1 Portion

1 Aufgussbeutel Beerenmischung • 2 EL Himbeergeist • 30 g frische Himbeeren • kalter Sekt • Minzeblatt

Zubereitung

1 Aufgussbeutel mit 125 Milliliter kochendem Wasser überbrühen, den Tee 5 Minuten ziehen lassen, die Beutel entfernen und anschließend den Tee abkühlen lassen ohne ihn jedoch in den Kühlschrank zu stellen.

2 Himbeergeist, frische Himbeeren, Tee und Sekt in ein Glas füllen und nach Geschmack etwas süßen.

3 Mit einem Minzeblatt garniert servieren.

Cassadeno

Zutaten für 4 Portionen

2 EL Früchtemischung aus Hibiskus, Hagebuttenschalen, Äpfeln, Holunderbeeren und Orangenschalen • 250 ml Prosecco
160 ml Blue Curaçao • 4 Erdbeeren

Zubereitung

Hibiskus, Nubiablüten,rote Malve, afrikanische Malve, Karkade oder Roselle: Es handelt sich immer um die getrockneten und zur Fruchtzeit geernteten Kelche der Pflanze mit dem botanischen Namen »Hibiscus sabdariffa«.

1. Die Früchtemischung mit 400 Milliliter kochendem Wasser übergießen, 8 Minuten ziehen lassen, dann abseihen und abkühlen lassen.
2. Tee mit Prosecco mischen, Blue Curaçao in 4 Gläser verteilen und die Tee-Prosecco-Mischung über einen Löffel langsam zugeben. Mit aufgeschnittenen Erdbeeren am Rand garnieren.

Exotische Teebowle (alkoholfrei)

Zutaten für 3 Liter

3 Passionsfrüchte • 3 EL Ahornsirup • 2 Karambolen (Sternfrucht)
100 g Kumquats • 1 Papaya • 1 Mango • 2 Kiwis • 2 Babyananas
2 Tamarillos (Baumtomaten) • 12 EL Zitronenteegranulat
0,7 Liter gekühltes Mineralwasser

Zubereitung

1. Die Passionsfrüchte halbieren, Fruchtfleisch durch ein Sieb streichen und mit Ahornsirup verrühren.
2. 1 Karambole und die Kumquats waschen und in Scheiben schneiden.
3. Die Papaya schälen, halbieren, Kerne entfernen und das Fruchtfleisch in Stücke schneiden.
4. Die Mango schälen, das Fruchtfleisch vom Stein schneiden und würfeln.
5. Kiwis, Babyananas und Tamarillos schälen.

6 Die Ananas in Stücke, Kiwis und Tamarillos in Scheiben schneiden.
7 Das ganze Obst 15 Minuten in der Passionsfrucht-Sirup-Mischung marinieren.
8 Das Zitronenteegranulat mit 1 1/4 Liter kaltem Wasser verrühren, über das Obst geben und mit Mineralwasser auffüllen.
9 Die zweite Karambole waschen, in Scheiben schneiden und an den Glasrand stecken.

Diese erfrischenden Getränke steigern die Lebenslust und das Wohlbefinden. Außerdem macht die Zubereitung Spaß.

Genuss ohne Reue: Die exotische Teebowle enthält jede Menge Südfrüchte, dafür aber keinen Alkohol.

Hagebuttencocktail

Hagebutten sind besonders reich an Vitamin C. Außer zu Tee werden sie auch zu Mark, Mus, Konfitüre und anderen fruchtigen Brotaufstrichen verarbeitet.

Zutaten für 4 Portionen

3 Aufgussbeutel Hagebuttentee • 2 EL Zitronensaft • 200 ml Eierlikör
4 Rispen Rote Johannisbeeren • 4 Blätter Zitronenmelisse

Zubereitung

1 Die Aufgussbeutel mit 700 Milliliter kochendem Wasser übergießen, 10 Minuten ziehen lassen, Beutel entfernen.
2 Zitronensaft in den Tee geben und abkühlen lassen.
3 Eierlikör auf 4 Gläser verteilen und den Hagebuttentee langsam über einen Löffel darauf gießen.
4 Die Johannisbeeren waschen und mit den Zitronenmelisseblättern an den Glasrand stecken.

Nicht nur optisch eine Sensation: der Hagebuttencocktail mit Eierlikör.

Melonen-Tee-Bowle

Zutaten für ca. 15 Gläser

3 EL aromatisierter Schwarztee (Wildkirsche) • 1 Honigmelone
100 g Zucker • 1/2 l Rotwein • 200 ml Zitronensaft • Eiswürfel
frische Kirschen

Zubereitung

1 Teeblätter mit 1/2 Liter kochendem Wasser aufgießen, nach 5 Minuten abseihen und den Tee abkühlen lassen.

2 Inzwischen die Melone halbieren, die Kerne entfernen, das Fruchtfleisch schälen, in kleine Würfel schneiden, mit 1 Esslöffel Zucker bestreuen und mit 1/4 Liter Rotwein übergießen. Etwa 15 Minuten ziehen lassen.

3 Den restlichen Rotwein leicht erhitzen, Zucker darin auflösen, Zitronensaft beimischen und alles abkühlen lassen.

4 Die Melonenstücke in ein Bowlengefäß geben, Tee und Rotwein darüber gießen, mindestens 1/2 Stunde ziehen lassen. Mit Eiswürfeln in Gläser füllen und mit entkernten Kirschen servieren.

Wenn Sie die Melone quer halbieren und das Fruchtfleisch mit dem Löffel herauslösen, können Sie beide Hälften als Gefäße verwenden und einen Teil der Bowle darin servieren.

Minze auf Eis

Zutaten für 1 Portion

1 TL Darjeeling-Tee • zerstoßenes Eis • 2 EL Pfefferminzlikör
1–2 Pfefferminzzweige

Zubereitung

1 Die Teeblätter mit 150 Milliliter kochendem Wasser aufgießen, ziehen lassen, nach 5 Minuten abseihen und abkühlen lassen.

2 1 Glas zu 2/3 mit zerstoßenen Eiswürfeln füllen, Pfefferminzlikör darüber geben, mit Tee auffüllen und mit Minzzweigen garnieren.

Darjeeling-Tee-Eis

Zutaten für ca. 20 Kugeln

4 Aufgussbeutel Darjeeling-Tee • 100 ml Milch • 150 g Zucker
3 Eier • 3 Eigelbe • 4 cl Rum • 750 g Schlagsahne • geriebene Halbbitter- oder Blockschokolade

Eistee geht besonders schnell: Sie geben 1 oder 2 Kugeln fertiges Vanille- oder Straciatellaeis in ein Longdrinkglas und füllen es mit eiskaltem Tee auf. Eistee wird mit einem Trinkhalm serviert.

Zubereitung

1 Die Teebeutel in der Milch zum Kochen bringen, 5 Minuten ziehen lassen, dann entfernen und gut ausdrücken.
2 Zucker in einem Topf bei geringer Hitze unter Rühren karamellisieren, etwas abkühlen lassen. Die Teemilch hinzufügen und so lange unter ständigem Rühren kochen, bis sich der Zucker vollständig aufgelöst hat. Abkühlen lassen.
3 Eier und Eigelbe schaumig rühren, nach und nach die Zucker-Tee-Mischung unterrühren und die Masse im heißen Wasserbad zu einer schaumigen Creme schlagen.
4 Den Rum hinzufügen und die Masse unter gelegentlichem Umrühren abkühlen lassen.
5 Die Sahne steif schlagen und unter die Masse heben, in eine frostbeständige Schüssel füllen, mit Tiefkühlfolie verschließen und mindestens 7 Stunden einfrieren.
6 Eiskugeln ausstechen und mit geriebener Schokolade servieren.

Variante Statt geriebener Schokolade können Sie auch selbst gemachte Schokoladenblätter verwenden. Dazu benötigen Sie ungiftige Pflanzenblätter, z. B. Pfefferminzblätter oder Rosenblätter. Diese werden vorsichtig gewaschen und trockengetupft. Dann schmelzen Sie 50 Gramm Halbbitterkuvertüre mit 3 Tropfen Öl im warmen Wasserbad. Mit einem kleinen Haushaltspinsel tragen Sie die geschmolzene Kuvertüre dünn einseitig auf die Blätter auf. Wenn die Schokolade getrocknet ist, ziehen Sie die Blätter vorsichtig ab.

Gurkenbowle

Zutaten für 12 Portionen

5 TL Rotbuschspitzen • 1 Salatgurke • 200 ml Anislikör • 2 unbehandelte Zitronen • 1 Flasche gekühlter Sekt

Zubereitung

1 Rotbuschspitzen mit 1 Liter kochendem Wasser übergießen, 5 Minuten ziehen lassen, dann abseihen und den Tee kalt stellen.

2 Die Gurke waschen, vierteln und fein schneiden.

3 Den Anislikör gleichmäßig darüber gießen und ca. 1 Stunde ziehen lassen.

4 Die Zitronen waschen, dünn kreisförmig schälen und den Saft auspressen.

5 Die Zitronenschale und den ausgepressten Saft zu den Gurken geben, das Ganze mit Tee und gekühltem Sekt auffüllen.

Durch das Einlegen in Likör findet eine Art Vorverdauung statt. Dennoch sollten Personen mit empfindlichem Darm lieber auf Gurkenbowle verzichten – oder statt der Gurke eine reife Zuckermelone verwenden.

Die Gurkenbowle, das etwas andere Erfrischungsgetränk: Was sonst den Salat verfeinert, ergibt hier ein ideales Getränk für heiße Tage.

Cool Ginger (alkoholfrei)

Zutaten für 2 Portionen

1 unbehandelte Limette • 2 TL aromatisierter schwarzer Tee (Vanille)
1/4 l Ginger Ale

Zubereitung

Tipp: Sie können Cool Ginger auch zusätzlich mit je 1 Kugel Zitroneneis servieren.

1. Die Limette waschen, trockentupfen und 2 dünne Scheiben herausschneiden. Diese Scheiben in ein kleines Tiefkühlgefäß geben, fingerbreit Wasser angießen und einfrieren.
2. Vanilletee mit 1/4 Liter kochendem Wasser aufgießen, 5 Minuten ziehen lassen, dann abseihen und kalt stellen.
3. Die gefrorenen Limettenscheiben in ein Glas mit weiter Öffnung geben, Tee und einige Tropfen Limettensaft beimischen, mit Ginger Ale auffüllen und nach Geschmack süßen.

Cool Ginger: Ob mit oder ohne Zitroneneis ein einfach herzustellendes Erfrischungsgetränk von harmonischem Geschmack.

Holundercocktail

Zutaten für 4 Portionen

3 EL Früchtemischung aus Hibiskus, Hagebuttenschalen, Äpfeln, Holunderbeeren und Orangenschalen • 1 Zimtstange
1 TL Kardamomsamen • 1 reife Birne • 100 ml Holunderbeerensaft
brauner Kandiszucker

Zubereitung

1 Die Früchtemischung, Zimtstange und Kardamom mit 700 Milliliter kochendem Wasser aufgießen, 8 Minuten ziehen lassen, dann abseihen.

2 Die Birne waschen und vierteln, das Kerngehäuse entfernen und die Viertel in kleine Stücke schneiden.

3 Das Ganze mit dem Tee und dem Holundersaft in einem Topf erhitzen (nicht kochen).

4 Den Cocktail in Gläser füllen und nach Geschmack mit Kandis süßen.

Erfrischende Teemixgetränke lassen sich wunderbar mit frischen Kräutern oder Früchten der Saison mischen. Je nach Lust und Laune sind Ihrem Erfindungsreichtum keine Grenzen gesetzt.

Erdbeercocktail

Zutaten für 2 Portionen

1 EL Früchtetee • 75 g Erdbeeren • Limettensaft • Eiswürfel
2 Spritzer Grenadine • 100 ml Bitter Lemon

Zubereitung

1 Früchtetee mit 125 Milliliter kochendem Wasser überbrühen, nach 8 Minuten abseihen und den Tee abkühlen lassen.

2 Erdbeeren waschen, vierteln und mit dem Limettensaft beträufeln.

3 2 bis 3 Eiswürfel in ein Cocktailglas geben, mit den Erdbeeren, dem Früchtetee sowie der Grenadine und Bitter Lemon auffüllen.

Aprikosentraum

In der Aprikosenschale sind wertvolle Pflanzenstoffe enthalten. Noch feiner wird das Eis, wenn Sie die Früchte kurz mit heißem Wasser blanchieren.

Zutaten für 4 Portionen

Für das Aprikoseneis: 100 g Zucker • 4 EL Milch • 250 g reife Aprikosen • 1 Ei • 2 Eigelbe • 400 g Schlagsahne

Für den Drink: 4 Aufgussbeutel Hagebuttentee • 8 EL Apricot Brandy

Zubereitung

1 Zucker in einem Topf bei geringer Hitze unter Rühren karamellisieren lassen. Topf vom Herd nehmen, die Milch hinzufügen, dann die Mischung unter ständigem Rühren so lange kochen, bis sich der Karamellzucker vollständig aufgelöst hat. Abkühlen lassen.

2 Inzwischen die Aprikosen waschen, halbieren, den Stein entfernen, das Fruchtfleisch mit dem Pürierstab oder im Mixer pürieren.

Selbst gemachtes Eis mit Tee und einem Schuss Alkohol: ein wahrer (Aprikosen-)traum.

3 Ei und Eigelbe schaumig rühren, nach und nach die Karamellmasse zugeben, dann alles im heißen Wasserbad zu einer Creme schlagen. Die Creme in eine Schüssel mit Eiswasser stellen, Aprikosenpüree unterheben und unter Rühren abkühlen lassen.

4 Die Sahne steif schlagen und unter die Masse heben. Mindestens 6 Stunden einfrieren.

5 Die Aufgussbeutel mit 1/2 Liter kochendem Wasser übergießen, 10 Minuten ziehen lassen. Dann die Beutel entfernen und den Tee abkühlen lassen.

6 In 4 Gläser mit weiter Öffnung je 2 Esslöffel Apricot Brandy, 125 Milliliter Tee und 2 Kugeln Eis geben und kalt servieren.

Spezialitäten mit grünem Tee

Ob als Fitmacher für Aktive oder zum Erhalt der Vitalität im Alter: Grüner Tee ist ein wertvolles »Medikament«, das wir täglich zu uns nehmen sollten. Hier sind bewährte Grünteespezialitäten für Sie zusammengestellt.

Für Kinder und Jugendliche eignen sich Grünteesorten mit niedrigem Koffeingehalt, wie z.B. Bancha, Japan Hojicha oder mild aromatisierter Jasmintee.

Teeshake mit Aprikosen

Zutaten für 2 Portionen

2 gestrichene TL grüner Banchatee • Eiswürfel • 4 reife Aprikosen
Saft von 1 Zitrone • 2 TL Puderzucker • 4 Kugeln Vanilleeis • 2 Zweige Zitronenmelisse

Zubereitung

1 1/4 Liter Wasser kurz aufkochen, kurz abkühlen lassen, über die Teeblätter gießen. Den Tee 3 Minuten ziehen lassen, dann abseihen und abkühlen lassen. Das heiße Gefäß nicht in den Kühlschrank stellen.

2 Eiswürfel in ein Gefäß geben und den Tee darauf gießen.

3 Die Aprikosen blanchieren, häuten, entsteinen und schneiden. Zitronensaft mit Aprikosenstücken und Puderzucker pürieren, grünen Tee und Vanilleeis zugeben.
4 Alles zusammen schaumig schlagen und in Longdrinkgläsern servieren.

Teeparfait

Empfindliche Personen sollten Teeparfait nicht mehr nach 17 Uhr zu sich nehmen, sonst sind sie unter Umständen die ganze Nacht hellwach.

Zutaten für 6 Portionen

150 g feiner Zucker • Schale von je 1/2 Zitrone und Orange
50 ml starker grüner Tee • 3 Eier • 300 g Schlagsahne

Zubereitung

1 Zucker und die geriebenen Schalen in 150 Milliliter Wasser aufkochen, das Ganze 5 Minuten ziehen lassen, dann abseihen.
2 Diesen Aufguss mit dem grünen Tee und den Eiern verrühren und im warmen Wasserbad zu einer cremigen Masse schlagen.
3 Im kalten Wasserbad weiterschlagen und vorsichtig die Schlagsahne unterziehen.
4 Für 5 bis 6 Stunden ins Gefrierfach stellen, portionieren und mit Schlagsahne garnieren.

Grüner Eisbecher

Zutaten für 4 Portionen

5–6 gestrichene TL grüner Tee • 1–2 TL Honig • 2 TL Zitronensaft
150 g Schlagsahne • 4 Kugeln Vanilleeis • geriebene Schale von 1 unbehandelten Zitrone

Zubereitung

1 1 Liter Wasser kurz aufkochen, abkühlen lassen, den grünen Tee aufgießen und nach 5 Minuten abseihen.

2 Honig und Zitronensaft in den noch warmen Tee rühren, dann kalt stellen. Die Sahne steif schlagen.

3 Das Vanilleeis in Longdrinkgläser geben, mit dem kalten Tee übergießen, mit je 1 großen Sahnehäubchen und Zitronenschale garnieren und mit Trinkhalm servieren.

Gebäck zum Tee

Tee mit Gebäck gilt in vielen Ländern als vollständige Mahlzeit. Eine Einladung zum Tee ist der Freundschaftsbeweis schlechthin. Entsprechend groß ist die Phantasie in allen Teeländern, wenn es darum geht, Köstlichkeiten zum Tee zusammenzustellen. Hier finden Sie Rezepte zu klassischem Teegebäck und raffinierten Kompositionen, aus England, den USA, aus China und Russland.

Kleine Umrechnungsformel für die Backtemperaturen:
E-Herd: 200 °C = Umluftherd: 175–180 °C = Gas: Stufe 3.

E - Herd: 175 °C = Umluftherd: 150 °C = Gas: Stufe 2.

Klassische Teekekse

Zutaten für 1 Backblech

125 g Mehl • 125 g Puderzucker • 125 g geschälte und geriebene Mandeln • 1 EL feste Butter • Schale von 1/2 unbehandelten Zitrone
3 Eigelbe • 1 Ei • 2 EL Mandelsplitter

Zubereitung

1 Mehl, Puderzucker, die geriebenen Mandeln, Butter, Zitronenschale und die Eigelbe auf einem Küchenbrett zu einem glatten Mürbeteig kneten.

2 Den Teig dünn ausrollen (etwa 1/2 Zentimeter), mit Formen Kekse ausstechen,

3 Die ausgestochenen Kekse mit Ei bestreichen und mit Mandelsplittern bestreuen.

4 Im vorgeheizten Backofen bei 180 °C 10 bis 15 Minuten backen, bis sich die Kekse hellbraun färben.

Muffins (Englische Teebrötchen)

Zutaten für 1 Backblech

200 ml Milch • 1 TL Zucker • 20 g Hefe • 500 g Mehl

Zubereitung

Tee ist ein Getränk für Figurbewusste. Zusammen mit Kuchen oder Kleingebäck kann er die eine oder andere Mahlzeit ersetzen.

1 Die Milch auf ca. 30 °C erwärmen, den Zucker einrühren und die Hefe darin auflösen.
2 Mit 2/3 des Mehls und der Milch-Hefe-Lösung einen Vorteig kneten und an einem warmen, zugfreien Ort, mit einem Baumwolltuch zugedeckt, 4 Stunden gehen lassen.
3 Anschließend das restliche Mehl beimengen und alles gut verkneten.
4 Mit einem Esslöffel eigroße Stücke aus dem Teig stechen, zu Kugeln formen, etwas plattdrücken und auf einem eingemehlten Tuch an einem warmen Ort gehen lassen, bis sie doppelt so groß sind.
5 Im gut vorgewärmten Backofen bei 180 °C ca. 15 Minuten von beiden Seiten backen. Wenn sich die Oberseite goldgelb färbt, wenden Sie die Muffins einmal um.
6 Sie werden warm und mit Butter zum Tee serviert.

Scones (Englische Rosinenbrötchen)

Zutaten für 1 Backblech

280 g Mehl • 1/2 Päckchen Backpulver • 1/8 l Buttermilch
30 g Zucker • 1 Prise Salz • 1 TL unbehandelte Zitronenschale
50 g feste Butter • 80 g Rosinen • 2 EL Milch

Zubereitung

1 Das Mehl gut mit dem Backpulver vermengen.
2 Von der gesamten Masse etwa 2/3 mit Buttermilch, Zucker, Salz und der geriebenen Zitronenschale zu einem festen Teig verarbeiten.

3 Die Butter zerkleinern und zusammen mit den Rosinen und dem restlichen Mehl mit dem Teig vermengen.
4 Den Teig etwa 1 Zentimeter dick ausrollen, mit einem Glas (Durchmesser etwa 5 Zentimeter) Scheiben ausstechen und mit Milch bestreichen.
5 Im vorgeheizten Backofen bei 180 °C 10 bis 15 Minuten backen, bis sich die Kekse hellbraun färben. Warm mit Butter und Marmelade zu kräftigem Schwarztee servieren.

Dundee Cake (Englischer Fruchtkuchen)

Zutaten für 1 Form

250 g Butter • 225 g Zucker • 250 g Mehl • 5 Eier • 135 g Korinthen 125 g Rosinen • 125 g Zitronat • 8 kandierte Kirschen • 65 g gehackte Mandeln • 2 EL geriebene Schale von 1 unbehandelten Orange 1 TL Backpulver • 1 EL Milch • 1 Prise Salz • 1 EL Margarine und 2 EL Mehl für die Form • 50 g geschälte Mandeln

Zubereitung

1 In einer großen Schüssel Butter und Zucker schaumig rühren, nach und nach Mehl und Eier einrühren.
2 Korinthen und Rosinen waschen und abtropfen lassen. Zusammen mit gehacktem Zitronat, den kandierten Kirschen, Mandeln und der Orangenschale in den Teig untermischen.
3 Backpulver in Milch auflösen und zusammen mit dem Salz in den Teig rühren.
4 Eine Springform (Durchmesser 20 Zentimeter) mit Margarine ausstreichen, mit Mehl ausstreuen und den Teig hineingeben. Die Oberseite mit den Mandeln belegen.
5 Im vorgeheizten Backofen bei 150 °C auf mittlerer Schiene ca. 90 Minuten backen.
6 Vor dem Servieren 1 Tag ruhen lassen.

Omas Holzstäbchenmethode ist immer noch unübertroffen: Stechen Sie damit den Kuchen. Wenn kein Teig mehr anhaftet, ist der Kuchen fertig gebacken. Bevor Sie die Form öffnen, muss der Kuchen 10 Minuten abkühlen.

Chinesische Mandelplätzchen

Zutaten für 1 Backblech

200 g Mehl • 1 gestrichener TL Backpulver • 100 g Puderzucker
1 Messerspitze geraspelter Ingwer • 50 g abgezogene, geriebene Mandeln • 1 Eigelb • 5–6 EL Öl • 1 TL Weinbrand • 1 EL Backfett für das Blech • abgezogene Mandeln

Zubereitung

1 Das Mehl sieben, mit dem Backpulver mischen und zusammen mit dem Puderzucker und dem geraspelten Ingwer in eine Schüssel geben.

2 Mandeln, Eigelb, Öl und Weinbrand untermischen. Alle Zutaten zu einem festen Teig verkneten.

3 Aus dem Teig kleine Kugeln formen und diese auf ein gefettetes Blech legen, in der Mitte flach eindrücken und in jedes Plätzchen eine Mandel legen. Im vorgeheizten Backofen bei mittlerer Hitze 15 bis 20 Minuten goldgelb backen.

Tipp: Nehmen Sie zu Tee und Keksen in klassisch russischer Art Warenije, ein Kompott, das aus je 250 Gramm Sauerkirschen und Stachelbeeren (ganze Früchte), etwas Wasser und 500 Gramm Zucker zubereitet wird.

Russischer Zuckerrubel

Zutaten für 7 Stück

4 Eiweiße • 125 g Puderzucker • 150 g Mehl • Schale von 1/2 unbehandelten Zitrone • 1 Messerspitze Piment • 50 g Hagelzucker

Zubereitung

1 Das Eiweiß sehr steif schlagen, Puderzucker sieben und nach und nach unterrühren. Mehl, Zitronenschale und Piment unterheben.

2 Den Teig in einen Spritzbeutel mit Lochtülle geben und damit Schnecken auf ein mit Backpapier ausgelegtes Backblech spritzen. Mit Hagelzucker bestreuen.

3 Im vorgeheizten Backofen bei 150 °C etwa 30 Minuten backen.

Amerikanische Plätzchen

Zutaten für 1 Backblech

125 g Butter • 150 g Pekannusskerne (oder Walnüsse) • 100 g brauner Zucker • 1 Päckchen Vanillezucker • 1 Prise Salz • 1 Ei • 2 EL saure Sahne • 100 g Mehl • 1/2 TL Backpulver • 75 g Schokoladenblättchen

Zubereitung

1 Die Butter zerlassen und wieder abkühlen lassen. Die Nüsse grob hacken.

2 Butter, braunen Zucker, Vanillezucker und Salz mit dem Handquirl schaumig rühren. Ei und saure Sahne unterziehen.

3 Mehl und Backpulver mischen und zusammen mit Schokoladenblättchen und Nüssen unterheben.

4 Mit einem Teelöffel kleine Häufchen auf ein mit Backpapier ausgelegtes Blech geben und im vorgeheizten Backofen bei 200 °C 12 bis 15 Minuten goldgelb backen.

Für Leute, die auf die Linie achten wollen oder müssen: Toastbrot mit Honig und einer Tasse Tee dazu schmeckt ausgezeichnet und sättigt für Stunden.

Mit Nüssen und Schokolade: Amerikanische Plätzchen werten auch die englische Tea Time auf.

Englischer Hochzeitskuchen

Zutaten für 1 Torte

500 g Mehl • 1 Päckchen Backpulver • 100 g Zucker • 1 Prise Salz
1/2 TL Piment • 1/2 TL Muskat • 1 Messerspitze Muskatblüte
1 Messerspitze Nelken • 1 Messerspitze Pfeffer • 400 g Rosinen
200 g gehackte Mandeln • 100 g Zitronat • 100 g Orangeat • 100 g gehackte kandierte Früchte • 4 Eier • 1/8 l Buttermilch • 1/4 l Whisky
Fett für die Form • 3–4 Rosen • 1 Eiweiß • 450 g Puderzucker
300 g Marzipanrohmasse • 50 g Orangenmarmelade • 6 EL Zitronensaft • 1–2 EL silberne Zuckerperlen

Die Rosenblüten sind zwar nicht giftig, doch essen sollte man sie trotzdem nicht.

Zubereitung

1 Mehl, Backpulver, Zucker, Salz und Gewürze mischen, Rosinen, gehackte Mandeln, Zitronat, Orangeat und kandierte Früchte unterheben.

Typisch merry old England: der Hochzeitskuchen mit viel Zitronat und Orangeat.

2 Die Eier schaumig schlagen, Buttermilch und Whisky unterrühren.
3 Über die Mehl-Frucht-Mischung geben und alles gut zu einem Teig verrühren.
4 Den Teig in eine gefettete Springform (Durchmesser 24 Zentimeter) geben, glatt streichen und im vorgeheizten Backofen bei 180 °C 1 Stunde backen, dann die Hitze um 50 °C reduzieren und 1 1/2 Stunden weiter trocknen lassen.
5 Die Rosen vorsichtig waschen und knapp unterhalb der Blüte abschneiden. Die Blütenblätter kurz in leicht geschlagenes Eiweiß tauchen, dann gut ausschütteln und dick mit gesiebtem Puderzucker bestreuen. Die letzten 1 1/2 Stunden neben den Kuchen in den Backofen geben, im Ofen auskühlen lassen.
6 Den Kuchen in der Form abkühlen lassen, dann auf einen Tortenteller stürzen.

Für die Glasur Marzipanmasse und 50 Gramm Puderzucker verkneten und dünn ausrollen (Format der Torte). Die Orangenmarmelade leicht erwärmen, die Torte damit bestreichen und mit Marzipan umhüllen. Den restlichen Puderzucker sieben, mit Zitronensaft verrühren und die Torte damit überziehen. Mit den Rosen und Zuckerperlen verzieren.

Obwohl Tee das Alltagsgetränk der Engländer ist, wird er zu festlichen Anlässen genauso gerne serviert.

Festliches Menü mit Tee

Eine delikate Vorspeise, ein Braten als Hauptgang und natürlich ein schmackhaftes Dessert – daraus besteht auch das hier vorgestellte köstliche Menü für die ganz besonderen Anlässe. Überraschen Sie Ihre Gäste – vor allem die Teeliebhaber unter ihnen – mit diesen vorzüglichen Gerichten.
Tee ist sehr vielseitig anwendbar und bewährt sich nicht nur als Getränk, sondern auch zur Zubereitung verschiedener exotischer Speisen.

Vorspeise – Artischockenpastete

Artischocken wirken lindernd bei Völlegefühl sowie Leber- und Gallenblasenbeschwerden. Bei Gallensteinen und Gallengangverschluss sollte man jedoch auf sie verzichten.

Zutaten für 4 Portionen

150 g Mehl • 90 g Magermilchjoghurt • 1 Eigelb • Salz • 1 TL Darjeeling-Tee • 30 g Spitzmorcheln • 50 g geräucherte Gänsebrust
1/2 Bund Thymian • 250 g feine, ungebrühte Bratwurst • 50 ml Milch
grober Pfeffer • 1 Dose (425 g) Artischockenherzen • Mehl zum Ausrollen • Fett für die Förmchen • 1 EL Crème fraîche • 1 EL Mehl
Pfeffer

Zubereitung

1 Mehl, Joghurt, Eigelb und 1/2 Teelöffel Salz zu einem Teig verarbeiten, in Folie wickeln und 30 Minuten kalt stellen.

2 Tee mit 400 Milliliter kochendem Wasser aufgießen, 5 Minuten ziehen lassen, dann abseihen.

3 Die Morcheln im heißen Tee einweichen. Gänsebrust in kleine Würfel schneiden. Thymian waschen, einige Zweige beiseite legen, die Blättchen von den Stielen streifen.

Artischockenherzen im Teigmantel: mit der Morchel-Tee-Sauce eine raffinierte Vorspeise.

4 Bratwurst aus der Haut drücken, mit Gänsebrust, Thymian und Milch vermengen, mit Pfeffer würzen.

5 Teig auf einer bemehlten Fläche dünn ausrollen. Kleine Sternförmchen (Durchmesser 11 Zentimeter) einfetten und mit dem Teig so auslegen, dass er über den Rand lappt.

6 Die Artischockenherzen abtropfen lassen und jeweils 1 Artischockenherz in die Mitte des Teigs setzen. Rundherum die Bratwurstfarce geben. Teig zur Mitte klappen und die Ränder fest verschließen.

7 Im vorgeheizten Backofen bei 200 °C ca. 30 Minuten backen.

8 Inzwischen die Morcheln aus dem Teesud nehmen, den Sud mit Crème fraîche verrühren und erhitzen, die Morcheln darin erwärmen. Mehl mit etwas Wasser verrühren und die Sauce damit binden. Mit Salz und Pfeffer abschmecken.

9 Die Pasteten mit Morchelrahm und Thymian servieren.

Die hier vorgestellte Vor- und Nachspeise haben den Vorteil, dass man sie schon einen Tag vorher in Ruhe vorbereiten kann.

Hauptgang – Putenbraten mit Nussreis

Zutaten für 4 Portionen

2 EL Earl-Grey-Tee • 600 g Putenbrust • 250 g Möhren • 250 g Stangensellerie • 250 g Gemüsefenchel • 75 g Doppelrahmfrischkäse 1 EL süßer Senf • Salz, Pfeffer • 20 g Butterschmalz • 300 ml Geflügelfond (Fertigprodukt) • 1 rote Zwiebel • 1 EL Walnussöl • 150 g Basmatireis • 50 g halbierte Walnusskerne • 15 g Butter • 2 EL Schlagsahne 1 EL Mehl

Zubereitung

1 Die Teeblätter mit 600 Milliliter kochendem Wasser überbrühen, nach 5 Minuten abseihen.

2 Putenfleisch waschen, abtupfen und etwas flach klopfen.

3 Möhren, Sellerie und Fenchel waschen, putzen und in sehr feine (Julienne-)Streifen schneiden.

Lassen Sie die Putenbrust von Ihrem Metzger so zuschneiden, dass Sie sie gut füllen und rollen können.

4 Frischkäse und Senf verrühren, mit Salz und Pfeffer würzen, auf das Putenfleisch streichen und die Hälfte der Gemüsestreifen in Querrichtung darauf legen. Das Fleisch rollen und mit Küchengarn festbinden.

5 Butterschmalz erhitzen und das Fleisch rundherum anbraten, mit dem Fond aufgießen und im geschlossenen Topf etwa 35 Minuten schmoren.

6 Die Zwiebel abziehen und würfeln. Das Walnussöl erhitzen, Zwiebel und Reis unter ständigem Rühren darin anbraten, mit Tee ablöschen, 1 Teelöffel Salz zufügen und etwa 5 Minuten garen. Die Walnusskerne zufügen und weitere 5 Minuten garen.

7 Die Butter erhitzen und die restlichen Gemüsestreifen (leicht gesalzen) 5 Minuten darin dünsten.

8 Den Rollbraten warm stellen. Sahne und Mehl verrühren und den Bratenfond damit binden, mit Salz und Pfeffer abschmecken. Braten mit Tee-Nuss-Reis, Gemüse und Sauce servieren.

Fettarmes Putenfleisch und duftender Basmati: Putenbraten mit Nussreis.

Dessert – Orfeo Tegro

Zutaten für 6 Portionen

3 EL aromatisierter Schwarztee (Vanille) • 1 gestrichener TL Agar-Agar
4 Eigelbe • 75 g Puderzucker • 50 ml Kakaolikör • 3 Eiweiße
200 g Schlagsahne • 4 Kiwis • goldene Zuckerperlen

Zubereitung

1 Schwarztee mit 400 Milliliter kochendem Wasser überbrühen, nach 5 Minuten abseihen. Agar-Agar einige Minuten im Tee quellen lassen, 2 Minuten kochen, dann abkühlen lassen.

2 Eigelbe und Puderzucker mit dem Handquirl cremig schlagen, Tee und Kakaolikör zugeben und im heißen Wasserbad zu einer Creme rühren.

3 Eiweiß und Sahne getrennt steif schlagen und unter die gelierende Creme heben. 3 bis 4 Stunden kalt stellen.

4 Kiwis schälen, in Scheiben schneiden und daraus Sterne stechen. Auf Desserttellern anrichten. Aus der Teecreme mit einem Löffel kleine Nocken ausstechen, mit den Kiwisternen anrichten und mit Zuckerperlen garnieren.

Wenn Sie keinen Alkohol verwenden wollen, nehmen Sie etwas mehr Tee und bei Orfeo Tegro zusätzlich Kakao.

5-Tage-Teediät

Abnehmen, sich wohler, leichter und gesünder fühlen – das alles geht auch ohne Verzicht auf kulinarische Köstlichkeiten. Und wer bei Teediät an fünf Tage Kräuterteefasten denkt, irrt. Tee enthält viele Biostoffe, die dem menschlichen Organismus gut tun. Die Gerbstoffe und das Koffein sorgen dafür, dass die Leistungskraft nicht sinkt, und Theophyllin sowie Theobromin wirken entwässernd, so dass der Körper die Schlacken ausscheiden kann. Die folgenden Rezepte helfen Ihnen, überflüssige Pfunde loszuwerden.

1. Tag

Frühstück

Zutaten

1 Roggenbrötchen • 1 Scheibe Knäckebrot • 10 g Halbfettbutter
1 TL kalorienreduzierte Konfitüre • 20 g Tilsiter (30 % Fett i.Tr.)

Zubereitung

1 Brötchen und Knäckebrot mit Halbfettbutter dünn bestreichen und teilweise mit Konfitüre bestreichen, den Rest mit Käse belegen.
2 Dazu 2 Tassen schwarzen Tee (ungesüßt oder mit Süßstoff) servieren.

Vormittag

Zutaten

1 Aufgussbeutel Früchtetee (Johannisbeere/Kirsche) • 100 g Kirschen
Eiswürfel

Fisch einmal ganz anders: Wels mit pikanten Frühlingszwiebeln und bissfest gegarten Linsen.

Zubereitung

1 Aufgussbeutel mit 150 Milliliter kochendem Wasser überbrühen, 5 Minuten ziehen lassen, dann entfernen und den Tee abkühlen lassen.

2 Die Kirschen waschen, entstielen, entsteinen und mit Eiswürfeln in den Früchtetee geben, eventuell süßen.

Mittag – Wels auf Linsen-Zwiebel-Gemüse

Zutaten

1 TL Ceylon-Schwarztee • 125 g Welsfilet • etwas Zitronensaft
3 Lauchzwiebeln • 5 g Halbfettbutter • 15 g gegarte rote Linsen
25 g bunte Nudeln • Meersalz, Pfeffer • Zitrone • etwas Dill

Zubereitung

1 Die Teeblätter mit 125 Milliliter kochendem Wasser übergießen, 3 Minuten ziehen lassen, dann abseihen.

2 Wels waschen, abtupfen und mit Zitronensaft beträufeln.

3 Lauchzwiebeln waschen, putzen und in kleine Stücke schneiden.

4 Butter in einer beschichteten Pfanne schmelzen lassen, den Fisch von beiden Seiten darin anbraten, die zerkleinerten Zwiebeln, Linsen und Tee zugeben und alles zusammen 10 Minuten schmoren lassen.

5 Nudeln in kochendem Salzwasser etwa 10 Minuten garen und abtropfen lassen.

6 Wels und Gemüse-Tee-Sauce mit Salz und Pfeffer abschmecken, anrichten und mit Zitrone und Dill garnieren.

Tipp: Sie können den Genuss beim Essen auch während der Kur steigern, wenn Sie sich dafür Zeit nehmen, den Tisch schön decken und die Speisen auf einem schönen Teller anrichten. Achten Sie vor allem während einer Diät auf die nötige Ruhe beim Essen.

Die Zutaten bei der 5-Tage-Teediät auf den Seiten 112 bis 125 beziehen sich jeweils auf eine Portion.

1. Tag

Nachmittag

Zutaten

1 Aufgussbeutel aromatisierter Schwarztee (Zitrone oder Orange) 75 g Kaki- oder Sharonfrüchte • 1 Zweig Zitronenmelisse • zerstoßenes Eis

Zubereitung

1 Den Aufgussbeutel mit 150 Milliliter kochendem Wasser überbrühen, 5 Minuten ziehen lassen, dann entfernen und den Tee abkühlen lassen.

2 Die Früchte schälen, würfeln und zusammen mit der Melisse, Eis und Tee in ein Glas geben.

Abend – Artischocke mit Schinkensauce

Jeder Gang dieses Diätmenüs kann selbstverständlich auch als Einzelgericht serviert werden.

Zutaten

1 Artischocke • 1/2 Zitrone • Meersalz • 1 TL Früchtetee (Johannisbeere/Kirsche) • 30 g magerer gekochter Schinken • 1 TL Kräuteressig 1 TL Traubenkernöl • Salz, Pfeffer • Süßstoff • 2–3 Zweige Thymian 50 g Baguette

Zubereitung

1 Die Artischocke waschen, Stiel abschneiden, die Blätter eventuell einkürzen, im kochenden Wasser mit Zitrone und Meersalz ca. 50 Minuten garen.

2 Früchtetee mit 60 Milliliter kochendem Wasser aufgießen, 3 Minuten ziehen, dann abseihen und abkühlen lassen.

3 Den Schinken fein würfeln, aus Essig, Öl, Salz, Pfeffer und Süßstoff eine Marinade rühren und den Schinken kurz einlegen.

4 Thymian waschen, 1 Zweig beiseite legen, vom Rest die Blättchen abzupfen und in die Tee-Schinken-Sauce geben.

5 Die Artischocke abtropfen lassen, zusammen mit der Tee-Schinken-Sauce und dünn geschnittenen Baguettescheiben servieren.

Frühstück

2. Tag

Zutaten

100 g Erdbeeren • 5 EL Cornflakes • 75 g Magerjoghurt • Süßstoff
1 Scheibe Mischbrot • 5 g Halbfettbutter • 20 g fettarme Geflügelwurst

Zubereitung

1 Die Erdbeeren waschen, putzen, klein schneiden.
2 Das Ganze in eine schöne Schale geben und mit Cornflakes und Joghurt vermengen.
3 Nach Geschmack mit etwas Süßstoff in Pulverform süßen, keinen Zucker verwenden.
4 Mischbrot mit Halbfettbutter bestreichen und mit Wurst belegen. Dazu Tee mit Süßstoff servieren.

Gymnastik oder Ausdauersport zwischendurch verbraucht nicht nur Kalorien, sondern erfrischt und sorgt für ein Gefühl von Leichtigkeit. Oft verfliegt dabei auch der Appetit.

Vormittag

Zutaten

1 Aufgussbeutel Hagebuttentee • 100 ml Johannisbeernektar
Eiswürfel • 1 Zwieback

Zubereitung

1 Den Aufgussbeutel mit 125 Milliliter kochendem Wasser überbrühen, 5 Minuten ziehen lassen, dann den Beutel entfernen und den Tee abkühlen lassen, bis er lauwarm geworden ist.
2 Tee mit Johannisbeernektar mischen und mit Eiswürfeln servieren.
3 Dazu den Zwieback langsam knabbern.

2. Tag

Mittag – Putenbrust im Kokosmantel

Zutaten

1 TL Earl-Grey-Tee • 1 Stück Ingwer (1 cm) • 150 g Putenbrustfilet 1 Eiweiß • 1 TL Kokosraspel • 20 g Basmatireis • Meersalz • 1/2 EL Kurkuma • 125 g Zucchini • 5 g Butter oder Margarine • 2–3 Zweige Dill

Zubereitung

1 Die Teeblätter mit 125 Milliliter kochendem Wasser aufgießen, 5 Minuten ziehen lassen, dann abseihen.
2 Ingwer schälen und fein raspeln.
3 Putenfleisch waschen, trockentupfen, klopfen, leicht salzen, in Eiweiß und Kokosraspel wenden.
4 Reis mit etwas Salz und Kurkuma in 100 Milliliter kochendem Wasser 10 Minuten garen.
5 Zucchini waschen, putzen und in Stücke schneiden, in wenig kochendem Salzwasser 8 Minuten dünsten.
6 Fett erhitzen, das Fleisch von beiden Seiten 5 Minuten darin braten, Tee und Ingwer zugeben und 5 Minuten schmoren.
7 Dill waschen, hacken und unter die Zucchini heben. Fleisch, Gemüse und Reis auf einem Teller anrichten.

Kalorienarm schlemmen mit Gemüse. Diese Sorten haben weniger als 25 Kilokalorien pro 100 Gramm: Blumenkohl, Brokkoli, Chicorée, Chinakohl, Endivie, Eisbergsalat, Feldsalat, Gemüsefenchel, Gurke, Kopfsalat, Radieschen, Radicchio, Spargel, Tomaten und Zucchini.

Nachmittag

Zutaten

25 g Himbeeren • 1 Aufgussbeutel Darjeeling-Tee • 4 Butterkekse

Zubereitung

1 Die Himbeeren in Eiswürfelbehälter geben, mit Wasser auffüllen und einfrieren. Den Aufgussbeutel mit 150 Milliliter kochendem Wasser überbrühen, 5 Minuten ziehen lassen.
2 Himbeereiswürfel in das Teeglas geben.
3 Mit Butterkeksen servieren.

Abend – Käsesalat auf Brunnenkresse

Zutaten

1 TL Rotbusch (Massai) • 100 g Kirschtomaten • 50 g Champignons 30 g Brunnenkresse • 1 TL Himbeeressig • 1 TL Walnussöl • Meersalz Pfeffer • Süßstoff • 30 g Schnittkäse (30 % Fett i.Tr.) • 1 Scheibe Mehrkorntoastbrot • 1 TL Halbfettbutter

Zubereitung

1 Rotbusch mit kochendem Wasser aufgießen, 3 Minuten ziehen lassen, dann abseihen und den Tee abkühlen lassen.
2 Die Tomaten waschen und halbieren, die Champignons waschen, putzen und in Scheiben schneiden.
3 Die Brunnenkresse waschen und abtropfen lassen.
4 Tee mit Essig und Öl verrühren und abschmecken.
5 Das Ganze auf einem Teller anrichten und die Teemarinade darüber geben.
6 Toastbrot rösten, bestreichen und zum Salat servieren.

Brunnenkresse wirkt antibakteriell und harntreibend; außerdem regt sie den Gallenfluss an. Sie darf nicht angewendet werden bei Magen- oder Zwölffingerdarmgeschwür und entzündlichen Nierenerkrankungen.

Ein Hauch von Indien: Kokosraspel umhüllen das Putenfleisch, Kurkuma gibt dem Basmatireis seinen fernöstlichen Geschmack.

3. Tag

Frühstück

Zutaten

1 Scheibe Vollkornbrot • 1 Scheibe gerösteter Roggentoast
10 g Halbfettbutter• 1 TL kalorienarme Konfitüre • 1 gekochtes Ei

Zubereitung

1 Brot und Toast mit Butter und Konfitüre bestreichen.
2 Dazu das gekochte Ei und 2 Tassen Tee (ungesüßt oder mit Süßstoff) servieren.

Vormittag

Zutaten

1 Aufgussbeutel grüner Tee • 1 Scheibe Knäckebrot • 15 g fettreduzierte Leberwurst • 1 Tomate

Zubereitung

1 Den Aufgussbeutel mit 150 Milliliter heißem Wasser (70 bis 80 °C) überbrühen, 3 Minuten ziehen lassen.
2 Knäckebrot mit Leberwurst bestreichen.
3 Mit der entkernten, in feine Scheiben geschnittenen Tomate servieren.

Probieren Sie am Nachmittag statt gekaufter Salzkräcker selbst gemachtes Knoblauchbrot: Dazu zerdrücken Sie 1 Knoblauchzehe mit der Messerspitze in etwas Salz, rühren einige Tropfen Olivenöl ein, bestreichen damit 1 Scheibe Weiß- oder Toastbrot und rösten das Ganze kurz im Grill.

Mittag – Früchteteereis mit Nektarine

Zutaten

1 EL Früchteteemischung • 30 g Rundkornreis • Süßstoff
20 g Pinienkerne • 1 Nektarine • 1 Kapuzinerkresseblüte

Zubereitung

1 Früchtetee mit 125 Milliliter kochendem Wasser überbrühen, etwa 8 bis 10 Minuten ziehen lassen (je nach Geschmack), dann abseihen.

2 Reis in diesem Früchteaufguss zum Kochen bringen, etwa 20 Minuten quellen lassen, eventuell mit Süßstoff abschmecken und abkühlen lassen.
3 Die Pinienkerne in einer ungefetteten Pfanne rösten.
4 Die Nektarine waschen, halbieren, entsteinen und in feine Spalten schneiden.
5 Teereis mit den Fruchtscheiben, Pinienkernen und der Kapuzinerkresseblüte anrichten.

Nachmittag

Zutaten

1 Aufgussbeutel Darjeeling-Tee • 1 Zweig frische Minze • 5 salzige Kräcker

Zubereitung

1 Aufgussbeutel und Minze mit 150 Milliliter kochendem Wasser überbrühen, 5 Minuten ziehen lassen.
2 Zum Tee die Kräcker servieren.

Deftig im Geschmack, aber trotzdem ein leichtes Gericht: Lammfilet mit Kartoffeln und Sellerie.

3. Tag

Abend – Lammfilet mit Apfel-Tee-Sauce

Auch zu Lamm passt Knoblauch ausgezeichnet. Gerade wer abnehmen will, sollte durch Kräuter und Gewürze auf deren Reichtum an Aroma nicht verzichten.

Zutaten

100 g Kartoffeln • 1 TL Darjeeling-Tee • 150 g Lammfilet • 150 g Stangensellerie • 1/2 Apfel • 1 TL Olivenöl • Meersalz • 1/4 TL Kardamomsamen • 1/4 TL grüne Pfefferkörner • 1 TL dunkler Saucenbinder 10 g geriebener Käse (30 % Fett i. Tr.) • frische Petersilie

Zubereitung

1 Die Kartoffeln in der Schale 20 Minuten kochen.

2 Die Teeblätter mit 100 Milliliter kochendem Wasser überbrühen, 6 Minuten ziehen lassen, dann abseihen.

3 Das Lammfilet waschen und trockentupfen.

4 Stangensellerie waschen, putzen und klein schneiden.

5 Die Apfelhälfte waschen, vierteln, das Kerngehäuse entfernen und die Viertel in kleine Stücke schneiden.

6 Öl in einem beschichteten Topf erhitzen, das Fleisch leicht salzen und rundherum im Öl anbraten, mit dem Tee ablöschen.

7 Apfel, Kardamom und grünen Pfeffer zugeben und alles 15 Minuten zugedeckt schmoren. Inzwischen den Stangen-

Die Bretagne lässt grüßen: Bei Crêpes mit Scampi (siehe Seite 122) trifft die Meeresfrucht auf ländliches Gemüse.

sellerie im kochenden Salzwasser 12 bis 15 Minuten garen. Die Kartoffeln pellen, in dünne Scheiben schneiden und fächerartig auf eine mit Wasser ausgespülte feuerfeste Form geben, mit Meersalz und Käse bestreuen und 3 bis 5 Minuten im vorgeheizten Grill gratinieren.

8 Das Lammfilet warm stellen, Saucenbinder langsam in den Apfel-Tee-Fond rühren und mit Meersalz abschmecken. Alle Zutaten auf einem Teller anrichten und mit etwas Petersilie garnieren.

4. Tag

Haferflocken haben einen hohen Sättigungswert. Haferkleie senkt den Cholesterinspiegel und sollte deshalb einen festen Platz auf dem Speiseplan bekommen.

Frühstück

Zutaten

1 kleine Orange • 1 kleine Birne • 3 gehäufte EL Haferflocken
75 g Magerjoghurt

Zubereitung

1 Die Orange schälen und filetieren. Die Birne waschen und bis auf das Kerngehäuse grob raspeln.

2 Früchte, Haferflocken und Joghurt mischen, eventuell mit etwas Süßstoff abschmecken. Dazu Tee servieren.

Vormittag

Zutaten

1 Stück Ingwer (1/2 cm) • 1 Aufgussbeutel Ceylon-Tee • 1 Stück Zimt
Süßstoff • 1 mittelgroßer Apfel

Zubereitung

1 Den Ingwer schälen und klein schneiden.

2 Aufgussbeutel mit 150 Milliliter kochendem Wasser überbrühen, Ingwer und Zimt zugeben und 5 Minuten ziehen lassen, abseihen und nach Geschmack mit Süßstoff süßen.

3 Mit dem gewaschenen Apfel servieren.

4. Tag

Mittag – Crêpes mit Paprika und Scampi

Scampi enthalten wichtige Mineralstoffe und Spurenelemente, vor allem Phosphor, das der menschliche Stoffwechsel für seinen Energie- und Hormonhaushalt benötigt.

Zutaten

1 Aufgussbeutel Darjeeling-Tee • 2 TL Halbfettbutter • 1 EL Mehl
1 Eigelb • Meersalz • 1/2 gelbe Paprikaschote • 1/2 rote Paprikaschote
150 g Scampi • Pfeffer • 2–3 Zweige Dill

Zubereitung

1. Aufgussbeutel mit 60 Milliliter kochendem Wasser überbrühen, 3 Minuten ziehen lassen, dann entfernen.
2. 1 Teelöffel Fett im Tee schmelzen und mit Mehl, Eigelb und 1 Prise Meersalz zu einem Teig verrühren und diesen 20 Minuten ruhen lassen.
3. Die beiden Paprikahälften waschen, putzen und in Stücke schneiden. Die Scampi waschen und trockentupfen.
4. Eine beschichtete Pfanne dünn mit einem Teil des restlichen Fetts ausstreichen, den Teig darin verteilen und von beiden Seiten goldgelb backen, dann warm stellen.
5. Restliches Fett in die Pfanne geben, Paprika und Scampi darin anbraten, mit Meersalz und Pfeffer abschmecken.
6. Dill waschen, fein wiegen, über die Paprika-Scampi-Mischung geben und die Crêpes damit füllen.

Nachmittag

Zutaten

1 Aufgussbeutel aromatisierter Schwarztee (Zitrone oder Orange)
1 Limettenscheibe • 4 Löffelbiskuits

Zubereitung

1. Aufgussbeutel mit 150 Milliliter kochendem Wasser überbrühen und 5 Minuten ziehen lassen, dann entfernen.
2. Den Tee mit Limettenscheibe und Löffelbiskuits servieren.

Abend – Roastbeef mit pikantem Teegelee

Zutaten

1 TL Earl-Grey-Tee (oder Rotbuschtee) • 1 Messerspitze Agar-Agar Meersalz • Pfeffer • 1 TL Sojasauce • 30 g Bataviasalat • 100 g kleine Tomaten • 1 EL Zitronensaft • Süßstoff • 1 EL fettreduzierte Salatcreme • 1 EL frische Kräuter (z. B. Schnittlauch, Thymian, Basilikum) 100 g gebratene Roastbeefscheiben • 50 g Bauernbrot

Zubereitung

1 Die Teeblätter mit 100 Milliliter kochendem Wasser aufgießen, 5 Minuten ziehen lassen. Agar-Agar einrühren, 5 Minuten quellen lassen, mit Meersalz, Pfeffer und Sojasauce würzen. Alles 2 Minuten kochen lassen, dann kalt stellen.

2 Bataviasalat waschen, putzen und etwas zerkleinern. Die Tomaten waschen und vierteln.

3 Zitronensaft mit Süßstoff über die Salatzutaten geben. Salatcreme mit den Kräutern verrühren und anrichten.

4 Die Form mit dem Teegelee kurz in heißes Wasser tauchen, Gelee stürzen, in kleine Würfel schneiden und über das Roastbeef verteilen. Brot mit Kräutercreme dazu servieren.

Gelatine wird aus enthaarter Tierhaut und Knochen hergestellt und ist durch Fleischskandale in Verruf geraten. Agar-Agar ist ein Gerinnungsmittel aus Algen. Man benötigt 1 Teelöffel pro 500 Milliliter Flüssigkeit. Es muss einige Minuten darin quellen und anschließend mindestens 2 Minuten gekocht werden.

5. Tag

Frühstück

Zutaten

1 Scheibe Mischbrot • 15 g Halbfettbutter • 100 g Magerquark 1 EL kalorienreduzierte Konfitüre

Zubereitung

1 Brot bestreichen und einen Teil der Brotscheiben mit Magerquark und Konfitüre bestreichen.

2 Dazu 2 Tassen Tee (eventuell mit Süßstoff) trinken.

5. Tag

Vormittag

Zutaten

1 Aufgussbeutel Früchtetee • 1 Messerspitze Agar-Agar • Süßstoff 2 EL Schmand • 1 Prise Zimt

Zubereitung

1 Den Aufgussbeutel mit 125 Milliliter kochendem Wasser überbrühen, 5 Minuten ziehen lassen, dann entfernen.
2 Agar-Agar in den Tee rühren, 5 Minuten ziehen lassen und 2 Minuten kochen, eventuell mit Süßstoff abschmecken. In einem Förmchen fest werden lassen.
3 Schmand und Zimt mit Süßstoff verrühren.
4 Das Teeförmchen kurz in heißes Wasser tauchen, Teegelee stürzen und mit dem Zimtschmand servieren.

Kartoffeln lassen sich auch ausgezeichnet mit frischen Kräutern kombinieren, z.B. mit Thymian, Petersilie und Schnittlauch. Das bietet den Geschmacksnerven Abwechslung und sorgt für Sättigung ohne Völlegefühl.

Mittag – Korianderkartoffeln

Zutaten

1 EL Assam-Tee • 200 g kleine Kartoffeln • 10 g Margarine • Meersalz 1/4 TL grober Pfeffer • 1/2 Bund Koriander • 30 g Salat Lollo bianco 1/2 EL Himbeeressig • Süßstoff • 2 EL Himbeeren • 50 g Lachsschinken

Zubereitung

1 Die Teeblätter mit 125 Milliliter kochendem Wasser überbrühen, 3 Minuten ziehen lassen, dann abseihen.
2 Die Kartoffeln schälen, waschen und in der heißen Margarine anbraten, mit dem Tee ablöschen, mit Salz und Pfeffer abschmecken und 20 Minuten garen lassen.
3 Koriander und Salat waschen und hacken.
4 Essig mit 2 EL Wasser, Salz, Pfeffer und Süßstoff verrühren, zusammen mit den Himbeeren über den Salat geben.
5 Die Kartoffeln mit Koriander bestreuen, mit Schinken und Salat servieren.

Nachmittag

ZUTATEN

1 TL Früchtetee (Orange) • 1 Saftorange • gestoßenes Eis

ZUBEREITUNG

1 Früchtetee mit 125 Milliliter kochendem Wasser aufgießen, 5 Minuten ziehen lassen, dann abseihen.

2 Die Orange auspressen. Dann den Saft und Tee sowie das Eis in ein Glas geben und servieren.

Abend – Verlorene Eier auf Rauke

ZUTATEN

1 Aufgussbeutel Rotbuschtee • Meersalz • 3 1/2 EL Weinessig • 2 Eier Pfeffer • Süßstoff • 1 TL Sesamöl • 30 g Raukesalat • 1/2 rote Paprikaschote • 2 Scheiben Sesamknäckebrot • 5 g Halbfettbutter 1 Kapuzinerkresseblüte

ZUBEREITUNG

1 Den Aufgussbeutel mit 60 Milliliter kochendem Wasser überbrühen, etwa 3 Minuten ziehen lassen und abkühlen lassen.

2 1 Liter Wasser mit Salz und 3 Esslöffel Essig zum Kochen bringen, die Eier einzeln in eine Kelle schlagen und vorsichtig ins kochende Essig-Salz-Wasser gleiten lassen. 5 bis 7 Minuten darin pochieren.

3 Tee mit Essig, Pfeffer, Süßstoff und Öl verrühren. Rauke waschen und eventuell zerkleinern, Paprika waschen, putzen und in kleine Würfel schneiden.

4 Die Eier aus dem kochenden Wasser nehmen, auf dem Salat anrichten und mit der Teesauce übergießen.

5 Dazu Knäckebrot mit etwas Butter servieren, mit der Kapuzinerkresseblüte garnieren.

Nicht nur während einer Diät ist es notwendig, täglich mindestens zwei Liter Flüssigkeit zu trinken. Geeignet sind Tee und Kräutertees (vor allem Löwenzahn und Brennnessel) und Mineralwasser.

Über die Autorin

Christine Selius ist Köchin und Foodjournalistin. Nach Lehr- und Wanderjahren in Italien leitete sie ein vegetarisches Restaurant. Sie ist jetzt im Bereich der Gesundheits- und Ernährungsberatung tätig.

Danksagung

Wir danken der Ostfriesischen Teegesellschaft OTG in Seevetal für das zur Verfügung gestellte Bildmaterial. Die Rezepte im Teil »Teerezepte – einfach raffiniert« stammen ebenfalls von der OTG.

Literatur

Kulinarisches mit Tee. 99 Ideen zum Kochen, Backen und für Mixgetränke mit Tee, herausgegeben von der Ostfriesischen Teegesellschaft. Südwest Verlag. München 1996

Selius, Christine: Nahrung als Medizin. Südwest Verlag. München 2000

Selius, Christine: Neue Heiltees. Südwest Verlag. 4. Auflage, München 2000

Teufl, Cornelia: Tee. Die kleine Schule. Verlag Zabert Sandmann. München 1997

Zittlau, Dr. Jörg: Grüner Tee für Gesundheit und Vitalität. Ludwig Verlag. 7. Auflage, München 2000

Zittlau, Dr. Jörg: Rotbuschtee für Gesundheit und Schönheit. Ludwig Verlag. 4. Auflage, München 2000

Bildnachweis

AKG, Belin: 33 (Gilles Mermet), 34, 39, 51; Bilderberg, Hamburg: 46, 65 (Milan Horacek); Deutsches Teebüro, Hamburg: 12, 16, 31, 69; Gettone Stone, München: 56 (Earth Imaging); Laif, Köln: 2 (Werner Gartung); Ostfriesische Tee - Gesellschaft, Seevetal: 80, 88, 95, 98 (Meßmer), 91, 92, 96 (Milford) Südwest Verlag, München: Titel (Karl Newedel), Einklinker, 1 (Michael Nagy), 6, 18 (Siegfried Sperl), 27 (Kargl/ Schoenenburg), 79 (Kargl); Transglobe, Hamburg: 70

Hinweis

Das vorliegende Buch ist sorgfältig erarbeitet worden. Dennoch erfolgen alle Angaben ohne Gewähr. Weder Autorin noch Verlag können für eventuelle Nachteile oder Schäden, die aus den im Buch gemachten praktischen Hinweisen resultieren, eine Haftung übernehmen.

Impressum

Redaktion:
Gabriele Otto,
Dr. Annette Rehrl
Projektleitung:
Dr. Alex Klubertanz
Redaktionsleitung:
Dr. Christiane Lentz
Bildredaktion:
Ute Schoenenburg
Produktion:
M. Metzger (Leitung),
A. Aatz,
Dr. E. Weigele-Ismael
Umschlag:
Heinz Kraxenberger,
München
Layout:
Dr. Alex Klubertanz/
Matthias Liesendahl
DTP:
Matthias Liesendahl

Printed in Italy
Gedruckt auf chlor- und säurearmem Papier

ISBN 3-517-08133-7

Sachregister

A Afrika 53
Afrikanischer Schwarztee 9
Angina pectoris 72
Anis 60
Apfel 60
Arteriosklerose 72
Arzneitee 9
Aspalathin 79
Assam-Hybride 9, 48
Ätherische Öle 10, 74
Automnal Tea 10

B Bakey 10
B-Vitamine 74
Baldrian 60
Bancha 10, 75
Basket-fired 10
Blattgrade 10, 58
Blattsortierung 11, 58
Blatttee 11, 58
Blend 11
Blutarmut 79
Bluthochdruck 72
Boston Tea Party 40
Bread-and-Butter-Tea 11
Brennnessel 60
Broken-Tee 11, 58
Broken Orange Pekoe 11

C Canton 11
Ceylon 11
Cha-No-Yu 12, 66f.
Ch'a Shu 12, 65
Chest 12
China 50
Cholesterin 73
Chun Mee 12, 75
Congou 13
Crop 13
CTC-Produktion 13
Cutter 13

D DAB 8
Darjeeling 13
Dhool 13
Dimbula 13
Dooars 13
Dust 13

E Earl Grey 14
Eisen 78
English blend 14
Epigallocatechingallat 73f.

F Fannings 14, 59
Feinschnitt 14
Fenchel 60
Fermentation 15
Flavonoide 15, 74, 78
Fluor 74, 76, 79
Flush 16
Freie Radikale 72

G Gefäße 72
Genmaicha 16
Gerbstoffe 16, 74
Grobschnitt 17
Grüner Assam 75
Grüner Darjeeling 75
Grüner Tee 17, 50, 63, 72ff.
Gunpowder 19, 75
GUS 54
Gu Zhang Mao Jian 19
Gyokuro 19, 75

H Hagebutte 60
Halbfermentiert 19, 49
Haustee 19
Herz 72
Hibiskus 60
High grown 20
Hyson 20

I Immunsystem 72, 78
In-Betweens 20
Indien 20, 51
Indonesien 20, 53

J Japan 20, 52
Jasmintee 20, 75
Ju Hua Cha 20, 75

K Kaltwettertee 21
Kalzium 79
Kamille 61
Kandiszucker 21
Kandy 21
Keemun 21
Kintuk 21
Koffein 21, 74
Kombucha 21
Konfuzius 36
Konzentration 43
Kreislauf 72

L Lapachotee 23
Lapsong-Souchong 23
Lindenblüten 61
Löwenzahn 61
Low grown 23
LTP-Produktion 23
Lu Shan Wu 23, 75
Lung Ching 23

M Mangan 74, 76, 79
Matcha 23, 75
Mate 24, 61
Meditation 42
Melisse 61

N Nilgiri 24
Nuwara Eliya 24
Nothofagin 79

O Oolong 24, 75
Orange 24
Osteoporose 77

P Pai Mu Tan 25
Panyoung Lavandul 25
Pekoe 26
Pfefferminze 61

Phenolsäuren 79
Pi Lo Chung 26
Psyche 72
Pu-erh-Tee 26, 76

Q Querzetin 78
Querzitrin 78

R Rollen 26, 49
Rose Congou 26
Rotbusch 27, 61, 64, 77f.
Rutin 79

S Salbei 61
Samowar 27
Saponine 74
Schlaganfall 72
Schwarztee 28, 50, 63
Sencha 28, 75
Song Yang Ying Hao 28
Souchong 29
Sri Lanka 29, 52
Stoffwechsel 73
Südamerika 54

T Tao 37
Tea Race 39
Teebeutel 29
Teemischungen 29
Thea assamica 30, 48
Thea sinensis 30, 48
Theophyllin 31
Theobromin 74
Theophyllin 74
Türkei 54

U Uva 31

V Vitamin C 74, 78

W Weißer Tee 32, 75
Welken 32, 49

Y Yogitee 32

Z Zellschutz 73
Zen-Buddhismus 36

Rezepteregister

A Amerikanische Plätzchen 105
Apfelflip (alkoholfrei) 89
Apfelpunsch 83
Aprikosentraum 98
Artischocke mit Schinkensauce 114
Artischockenpastete 108

B Banateo 88

C Cassadeno 90
Chinesische Mandelplätzchen 104
Cool Ginger (alkoholfrei) 96
Crêpes mit Paprika und Scampi 122

D Darjeeling-Tee-Eis 94
Dundee Cake (Englischer Fruchtkuchen) 103

E Englischer Hochzeitskuchen 106
Erdbeercocktail 97
Exotische Teebowle (alkoholfrei) 90

F Friesenpunsch 84
Früchtebowle, feurige 86
Früchtereis mit Nektarine 118

G Gewürzpunsch (alkoholfrei) 85
Gin-Tee-Punsch 87
Grüner Eisbecher 100
Gurkenbowle 95

H Hagebuttencocktail 92
Holundercocktail 97
Hot Pina Colada 82

K Käsesalat auf Brunnenkresse 117
Kirschzauber 87
Korianderkartoffeln 124

L Lammfilet mit Apfel-Tee-Sauce 120

M Melonen-Tee-Bowle 93
Minze auf Eis 93
Muffins (Englische Teebrötchen) 102

O Orfeo Tegro 111

P Putenbraten mit Nussreis 109
Putenbrust im Kokosmantel 116

R Roastbeef mit pikantem Teegelee 123
Russischer Zuckerrubel 104

S Scones (Englische Rosinenbrötchen) 102
Sweet Berry-Fizz 89

T Teekekse, klassische 101
Teeparfait 100
Teeshake mit Aprikosen 99

V Vanillepunsch 84
Verlorene Eier auf Rauke 125
Vitaminbombe, heiße (alkoholfrei) 82

W Wels auf Linsen-Zwiebel-Gemüse 113
Whist 86